Para além de Black Mirror
Estilhaços distópicos do presente

COPYRIGHT© n-1 edições & Hedra
EDIÇÃO BRASILEIRA© n-1 edições / Hedra 2020
COORDENAÇÃO EDITORIAL Peter Pál Pelbart
e Ricardo Muniz Fernandes
DIREÇÃO DE ARTE Ricardo Muniz Fernandes
COEDIÇÃO Jorge Sallum
ASSISTÊNCIA EDITORIAL Paulo Henrique Pompermaier
CAPA Érico Peretta
ISBN 978-65-86941-12-8

Grafia atualizada segundo o Acordo Ortográfico da Língua Portuguesa de 1990, em vigor no Brasil desde 2009.

*Direitos reservados em língua
portuguesa somente para o Brasil*

N-1 EDIÇÕES LTDA.
R. Fradique Coutinho, 1139
05416-011 São Paulo SP Brasil

oi@n-1edicoes.org
www.n-1publications.org

Para além de Black Mirror

Estilhaços distópicos do presente

Maria Cristina Franco Ferraz
Ericson Saint Clair

1ª edição

Para além de Black Mirror explora cinco episódios da série televisiva homônima para desenvolver complexas questões que o presente nos força a pensar. São pontos de partida para o desdobramento de reflexões urgentes: as implicações das práticas de aprovação e exclusão em uma cultura de *likes*; a disseminação de linchamentos virtuais por contágios de agressividade em redes sociais, expressando-se também na emergência de políticos explicitamente caricatos; a dificuldade de lidar com frustrações, perdas e morte, expressa, por exemplo, na promessa de paraísos hedonistas virtuais e de novos corpos sintéticos e imortais. Entrecruzando Nietzsche, Gabriel Tarde, Henri Bergson, Deleuze e outros, esse livro embaralha os tempos e se projeta no extemporâneo, com força intempestiva frente às perplexidades que a história não cessa de provocar.

Maria Cristina Franco Ferraz é Professora Titular de Teoria da Comunicação da Universidade Federal do Rio de Janeiro, Doutora em Filosofia (Universidade de Paris I-Sorbonne), com três estágios pós-doutorais em Berlim, Mestre em Letras pela PUC-RJ. Professora do Programa de Pós-graduação em Comunicação e Cultura da ECO. Foi professora visitante nas Universidades de Paris 8 e Perpignan, Richmond, Nova de Lisboa e Saint Andrews. Pesquisadora do CNPq, cujo apoio possibilitou em parte este livro. Autora de *Nietzsche, o bufão dos deuses* (SP: n-1, 2017 e Paris: Harmattan, 1998), *Platão: as artimanhas do fingimento* (RJ: Relume Dumará, 1999 e Lisboa: Nova Vega, 2010), *Nove variações sobre temas nietzschianos* (RJ: Relume Dumará, 2002), *Homo deletabilis* (RJ: Garamond, 2010 e Paris: Hermann, 2015) e *Ruminações: cultura letrada e dispersão hiperconectada* (RJ: Garamond, 2015).

Ericson Saint Clair é Professor do Programa de Pós-graduação em Cultura e Territorialidades da Universidade Federal Fluminense e do Departamento de Artes e Estudos Culturais da mesma universidade. Doutor em Comunicação e Cultura pela Universidade Federal do Rio de Janeiro e Mestre em Comunicação pela Universidade Federal Fluminense. Monge zen-budista da tradição japonesa Sōtō-shū, discípulo da Monja Coen Rōshi, coordena o espaço de prática Zendo Brasil RJ, em Copacabana. É autor do livro *Gabriel Tarde e a Comunicação: por um contágio da diferença* (RJ: Multifoco, 2012).

Após esses estilhaços autobiográficos, afirmamos n-1: *fazer* o múltiplo.

Sumário

Apresentação 13
Queda livre: nos labirintos do imperativo da
avaliação 15
Odiados pela nação: redes sociais, contágio e
ressentimento *online* 39
O *idiota* acima de todos: *Momento Waldo* 83
Amor, morte e memória: o tedioso paraíso
high tech de *San Junipero* 111
Volto já: tecnologias, finitude e a arte de saber
terminar 147

Este é um livro dedicado.
A nossos estudantes — que
constantemente nos forçam a pensar
um mundo para além de *Black Mirror*.

Eu pensava, como pensava, como o
quem-quem remexe no esterco das vacas
Grande Sertão: Veredas, GUIMARÃES ROSA

Apresentação

Brasil, mundo, 2020: a expressão "ficção distópica" de repente soa anacrônica no cenário pandêmico que políticas genocidas tornam ainda mais sombrio. Neste livro, ao explorarmos cinco episódios da série *Black Mirror*, da Netflix, procuramos desdobrar questões que o presente nos força a pensar. Pensar *a partir de*; não *sobre*. A série é sintomática de um conjunto de fenômenos que se manifestam na atualidade. Entretanto, como seus criadores sinalizaram recentemente, os eventos deste ano competem de maneira radical com as ficções por eles criadas[1]. Mesmo de certo modo defasados em relação ao presente, certos episódios da série salientam práticas já bem disseminadas, sobretudo no que concerne às relações entre mídias, tecnologias, política e subjetividade. O propósito deste livro é revisitar alguns episódios a fim de explorar temáticas que esse espelho mimético já estilhaçava ficcionalmente.

---

1. Cf. "Black Mirror não terá nova temporada porque 2020 já é sombrio o suficiente". *Exame Online*. Disponível em: *https://bit.ly/3fgSgFW*. Acesso em: 11 maio de 2020.

No nosso percurso, acionamos certos *intercessores* para o pensamento, grande parte deles proveniente do século XIX: sobretudo, Gabriel Tarde, Friedrich Nietzsche e Henri Bergson. Propomos aqui certo embaralhamento do tempo. Nem *Black Mirror* diz respeito ao futuro, nem nossas ancoragens no século XIX são anacrônicas. O pensamento acontece no plano da *extemporaneidade*, nessa nuvem não-histórica, atmosfera de alegria — força maior que também acompanha as perplexidades que a história não cessa de provocar.

Queda livre: nos labirintos do imperativo da avaliação*

Em outubro de 2016, um episódio do seriado britânico *Black Mirror* — à época recém-adquirido pela Netflix — enfatizou um fenômeno cada vez mais presente em modos de vida hiperconectados, permanentemente *online*, ancorados no desenvolvimento e na disseminação de redes de informação e comunicação em suportes digitais. O título em inglês, *Nosedive*, alude a um mergulho de ponta cabeça e foi traduzido para o português como *Queda livre*. Trata-se do primeiro episódio da terceira temporada do programa. Dirigido por Joe Wright, ele ressalta os infernos da avaliação onipresente, horizontalmente acionada por todo o tecido social. Explicitamente distópico, o episódio serve como ponto de apoio para alavancar reflexões acerca dos vínculos entre a expan-

---

*. Uma primeira versão parcial deste capítulo foi publicada por Maria Cristina Franco Ferraz na Revista E-Compós, v. 22, em 2018, com o título "Do imperativo da avaliação: espelhos negros da contemporaneidade".

Figura 1: Hiperconectados em Nosedive
NOSEDIVE *(Temporada 3, ep. 1). Black Mirror [Seriado]. Direção do episódio: Joe Wright. Produção da série: Barney Reisz, Charlie Brooker, Annabel Jones. Atriz na imagem: Bryce Dallas Howard. Londres: Produtora Endemol UK, 2016. 63 minutos, son., color.*

são de modos de vida empresariais, conectividade em *tempo real* e expansão de formas pervasivas de poder apoiadas na avaliação.

Na trama, a fim de ascender em seu trabalho e em sua inserção social, a protagonista, Lacie Pound (interpretada por Bryce Dallas Howard), dedica-se integral e tenazmente a aproximar-se da pontuação virtual superior (cinco estrelas), na média das notas a ela atribuídas por qualquer um com quem cruze, ou literalmente esbarre. Entretanto, por mais que se esforce, Lacie sofre o infortúnio de ver despencar sua avaliação de maneira irrecorrível, por conta de pequenos incidentes triviais e incontroláveis. Atuali-

Figura 2: Sorria! Você está sendo avaliado
NOSEDIVE *(Temporada 3, ep. 1). Black Mirror [Seriado]. Direção do episódio: Joe Wright. Produção da série: Barney Reisz, Charlie Brooker, Annabel Jones. Atriz na imagem: Bryce Dallas Howard. Londres: Produtora Endemol UK, 2016. 63 minutos, son., color.*

zada minuto a minuto, sua *qualificação*, seu ranqueamento funcionam como marcadores identitários privilegiados, ou mesmo únicos. Esse mecanismo define todo o espectro de suas relações sociais, à exceção de um único vínculo mais íntimo com o irmão, não muito bem avaliado e crítico com relação à compulsão avaliativa da irmã.

O grau de pontuação determina o acesso, ou não, tanto a postos de trabalho quanto a espaços da cidade e da vida social: obter um aluguel promocional, conseguir assento em voos lotados, ser dama de honra no casamento de uma amiga de infância, tola, rica e bem avaliada. A fim de obter pontos em sua avaliação, Lacie consulta um especialista, uma espécie de *expert* e *coach*, que analisa por meio de gráficos as relações sociais da personagem e aconselha ações e modos de ser para dar um *boost* (impulso) em seu ranqueamento. Em inglês, a empresa a que recorre se chama *Reputelligent*, aludindo a uma espécie de valor (reputação) estimável, previsível, portanto programável.

Esse detalhe do enredo evidencia de que modo práticas e lógicas do modelo empresarial de vida vêm sendo integralmente incorporadas nessa sociedade *futura*. Observe-se que a figura do *coach* destaca-se de sua moldura empresarial e se expande por todos os campos da vida social: no lugar de projetos coletivos, na lógica do *cada um por si e Deus contra*, a prática de *coaching* equaciona o paradoxo entre a pressão por autonomia e a necessidade de aconselhamento por todo tipo de *especialista*. Trata-se de novas formas de *poder pastoral*, de "*expertise* pastoral", conforme salientado por Nikolas Rose (2007), a partir do trabalho de Michel Foucault. A solicitação de conselhos *competentes* "borra as fronteiras da coerção e do consentimento" (ROSE, 2007, p. 29, nossa tradução). Além disso, exprime o desamparo frente à complexidade do mundo, incrementado pelo esvaziamento tendencial de outras tecnologias de produção de sentido, tais como literatura, filosofia, ciências humanas, cada vez mais política e culturalmente ameaçadas.

Observe-se, por exemplo, certa crise atual no campo da psicanálise, em favor de novas formas de pastoreio tais como as do *coaching*. Enquanto a psicanálise se orientava pela problematização do sujeito, o *coaching* aposta no engessamento e no fortalecimento de um *eu* capaz de obter *sucesso* a partir de um plano previamente traçado. Tal projeto deve ser realizado por uma vontade e um foco pragmaticamente dirigidos a metas por alcançar. A noção de *vontade*, crucial nas práticas e no pensamento do século XIX, foi corroída na virada para o século XX por conceitos como pulsões, inconsciente, caros à psicanálise. Atualmente, assiste-se a uma ênfase crescente no indivíduo dotado de vontade capaz de dirigir sua vida segundo fins calculados.

Curiosamente, o sujeito da vontade *empoderada* depende do olhar judicativo do outro. Tal olhar insere-se na trama do episódio de modo direto: uma lente acoplada aos olhos da personagem é capaz de projetar, no espelho, a própria pontuação e, uma vez voltada para o mundo, acessa de modo imedi-

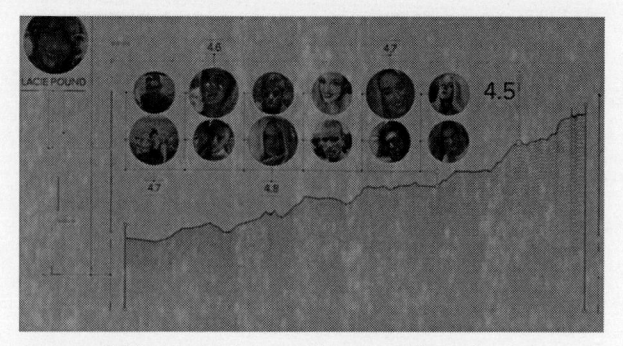

Figura 3: Gráfico do alpinismo social proposto pelo coach
NOSEDIVE *(Temporada 3, ep. 1). Black Mirror [Seriado]. Direção do episódio: Joe Wright. Produção da série: Barney Reisz, Charlie Brooker, Annabel Jones. Atriz na imagem: Bryce Dallas Howard. Londres: Produtora Endemol UK, 2016. 63 minutos, son., color.*

ato a nota dos outros. Fundiram-se portanto o olhar judicativo e o brilho negro das telas virtuais. O julgamento adquire a dimensão de um pesadelo kafkiano. Não mais por conta dos meandros esmagadores do poder burocrático, mas sob a forma de uma rede bem mais sutil; por isso mesmo, mais eficaz e violenta. Os cliques avaliativos imediatos, aproximáveis dos *likes* ou *dislikes* instantâneos do *facebook*, exprimem a incorporação e a naturalização, em (quase) todos os membros da sociedade, de uma implacável lógica de exclusão.

O olhar que julga e atribui notas foi definitiva e ironicamente estendido a todos. Ou seja: foi *democratizado*, estimulando o controle de todos por todos. No episódio, as notas são em geral disparadas

Figura 4: Arminha
NOSEDIVE *(Temporada 3, ep. 1). Black Mirror [Seriado]. Direção do episódio: Joe Wright. Produção da série: Barney Reisz, Charlie Brooker, Annabel Jones. Atriz na imagem: Bryce Dallas Howard. Londres: Produtora Endemol UK, 2016. 63 minutos, son., color.*

apontando-se o celular como uma arma em direção ao outro. No final, no desfecho da *queda livre* de Lacie, quando ela vai para a prisão, é imediatamente destituída de seu celular e de suas lentes avaliadoras, extraídas de seus olhos. No entanto, o gesto de apontar contra o outro a arma da avaliação persiste inscrito em sua mão. Curiosa associação entre celular e arma, que, na atualidade política brasileira, parece mais do que oportuna.

Esse regime onipresente de avaliação não é um mero efeito das redes sociais tecnologicamente mediadas. Pensar desse modo equivaleria a isolá-las em um plano à parte para, a seguir, considerá-las como intrinsecamente determinantes. Em vez de postular a suposta autonomia das tecnologias e tomá-las como *causas* de fenômenos sociais e subjetivos, pode-se tematizá-las — seguindo a lição de Foucault e de Crary (FOUCAULT, 2006; CRARY, 1999; FERRAZ, 2015) — simultaneamente como *efeitos* e como *instrumentos* de determinadas formações históricas. Nessa linha de reflexão, são os dispositivos de avaliação em tempo real que se adéquam a modos de vida ligados à determinada formação histórica, sobretudo aos mecanismos de funcionamento do jogo excludente incrementado pela expansão do capital financeirizado. Este prescinde da necessidade de anexar a totalidade (ou a maioria) dos corpos a seus modos de acúmulo e consumo.

Entre tecnologias e vida social, trata-se, portanto, de vínculos de compatibilidade ou de adequação; não de causalidade. A tendência usual permanece, geralmente, a de atribuir aos meios tecnológicos a instância causal de fenômenos sociais — o que simplifica o problema e, por isso mesmo, tende a fechar a questão, estancando a necessidade de problematização. Os episódios de *Black Mirror* abordados neste livro podem se prestar a essa leitura. Por isso cabe logo de início a ressalva aqui indicada.

No episódio *Queda livre*, o que é mal avaliado, o que merece nota baixa? Sobretudo a emergência ou a explosão inadvertida de afetos espontâneos e agressivos, tais como sentimentos de raiva, incômodo, desassossego — além de reivindicações —, em uma cultura na qual o sorriso do ícone *smile* se torna por assim dizer compulsório. Esse ícone emblematiza a pressão pela imagem de felicidade espetacularizada na superfície dos rostos, muito presente em redes de compartilhamento como o *instagram*. Essa imagem de aquiescência total, sem rusgas ou tensões, indica bem-estar, sucesso e *autoestima*, própria ao diminuto grupo de *vencedores*. Nessa perspectiva, sofrimentos, agruras, fracassos e tensões sociais têm de permanecer fora das imagens: são literalmente obscenos.

A imagem do ícone *smile* aparece explicitamente em um momento do episódio: Lacie toma um café, acompanhado de um biscoito com a tal carinha sorridente, que ela fotografa, certamente para compartilhar. Antes disso, treina sorrisos gentis em frente ao espelho de casa. A figura *smile* — igualmente implicada no autoritário e cínico *sorria, você está sendo filmado* —, pode ser associada à violência predatória do sorriso-esgar *Mickey* revelado, pelo menos desde o início do século XXI, em filmes como *Mulholland Drive* (Cidade dos Sonhos, 2001), de David Lynch.

O espaço urbano do episódio lembra também o contentamento aparente e apaziguador aliado às delícias do consumo, de shoppings, *malls* e condomínios, tal como no filme de Tim Burton *Edward, mãos de tesoura* (1990). Trata-se de ambientes limpos, em tons pastéis, higienizados de fricções e rugosidades sociais, com moradores exibindo expressões de feli-

Figura 5: Smile *ingerido em* Nosedive
NOSEDIVE *(Temporada 3, ep. 1). Black Mirror [Seriado]. Direção do episódio: Joe Wright. Produção da série: Barney Reisz, Charlie Brooker, Annabel Jones. Atriz na imagem: Bryce Dallas Howard. Londres: Produtora Endemol UK, 2016. 63 minutos, son., color.*

cidade e, em geral, de cordialidade. No episódio, os tons suaves do mobiliário, das casas e do vestuário corroboram essa visão *clean* e amortecedora. Lacie veste-se com roupas em tons de rosa bebê ou azul clarinho. Aliás, as imagens do episódio são banhadas, sobretudo na parte inicial, por tons róseos chamados de *Millenial Pink*. Há igualmente uma referência retrô nos figurinos e cenários, aludindo à entronização e ostentação do bem-estar e da felicidade que, desde o pós-guerra, foram intensamente propagandeados tanto pela Cidade dos Sonhos americana (Hollywood) quanto por reluzentes apelos visuais publicitários.

Ao longo do episódio, Lacie exprime a angústia provocada pela obrigação de ter de se mostrar sem-

Figura 6: Arquitetura da higienização
NOSEDIVE *(Temporada 3, ep. 1). Black Mirror [Seriado]. Direção do episódio: Joe Wright. Produção da série: Barney Reisz, Charlie Brooker, Annabel Jones. Londres: Produtora Endemol UK, 2016. 63 minutos, son., color.*

pre bem, ou mesmo "mais do que bem" (BEZERRA JR, 2010). Dedica-se com afinco, e não sem violência contra si mesma, ao espetáculo da otimização do humor e da positividade, tomados como indícios de uma vida realizada e de uma saúde robusta. Não há lugar para o desassossego ou para o mal-estar — temas caros à modernidade, se pensarmos, por exemplo, em Bernardo Soares e em Freud. Consequentemente, tampouco há lugar para críticas e tensões. Impera, no entanto, uma luta sem tréguas pela pontuação, uma disputa feroz contra os outros que fará a personagem ir eliminando alguns gestos de simpatia que dirigiu para mal avaliados e potencialmente excluídos. Este é o caso de um colega que procura deter a própria queda com tentativas de aproximação, contatos e lanchinhos para os colegas. Significativamente, Lacie só irá encontrar ajuda, e certa solidariedade, junto a alguns excluídos, como a motorista do caminhão que lhe dá carona no início de seu processo de queda. Após ser presa, irá esbravejar e trocar insultos liberadores com o prisioneiro da cela à sua frente, um homem negro, o que não deixa de reforçar a lógica racista que permanece intacta nessa sociedade *futura*.

Mecanismos de avaliação estão evidentemente presentes em redes sociais, como o *Facebook*, no qual se vai naturalizando o hábito de *curtir* ou *descurtir* uma postagem ou um perfil, o que induz a se contabilizar a sensação de sucesso, taxas de credibilidade, ou índices de fracasso. Pequenos hábitos cotidianos tendem a ser incorporados de modo a se tornarem cada vez mais naturalizados e, portanto, imperceptíveis. Por exemplo, o que já se chama de *uberização* das relações de trabalho: em aplicativos pioneiros como o *Uber*, avaliam-se com até cinco estrelas tanto o passageiro quanto o motorista, desprovido das redes de proteção (por ora ainda) existentes no antigo regime de trabalho assalariado. Tornar-se o próprio *chefe*, um pequeno empresário de sua própria atividade é vendido como liberdade e promoção, como uma saída universal para as crises do capitalismo. Quando, de fato, deixa o trabalhador desprotegido pelas legislações que, às custas de muitas lutas, antigos trabalhadores foram conquistando.

Conforme já salientado, não é o aplicativo que determina essa lógica; ele é, antes, adequado a um regime de desregulamentação e flexibilização de regras de trabalho e de serviços, que passam a prescindir do controle cerrado de um chefe ou supervisor. Todos se tornam esse antigo *chefe*, cinicamente *democratizando* as tarefas de controle e cobrança. O próprio aplicativo contabiliza as avaliações que os usuários não se furtam a efetuar e a enviar, em uma espécie de mobilização geral em favor do poder de julgar o outro, de avaliá-lo e, indiretamente, de lhe conceder (ou retirar) condições de trabalho. Não estranha que os motoristas ligados a esse tipo de aplicativo tenham de ser mais afáveis do que os motoristas de táxis convencionais. No caso de *Black Mirror*, o seriado também disponibiliza um aplicativo (*RateMe*) em que os espectadores podem avaliar seus amigos, tal como no episódio. Aliás, a própria Netflix permite que os usuários avaliem os filmes e séries a que assistem, também no modelo de uma a cinco estrelas, aumentando ou diminuindo a popularidade do vídeo no interior da plataforma. Gera-se, ao mesmo tempo, uma incomensurável base de dados que servirá para o gerenciamento algorítmico de perfis que ficam disponibilizados para usos diversos, tanto na órbita do consumo quanto na da política.

Para discutirmos o dispositivo da avaliação e as implicações de sua disseminação nos modos de vida atuais, retomamos aqui reflexões já desdobradas por alguns filósofos. A primeira referência é o livro *Em busca da identidade (o desnorte)*, de José Gil (GIL, 2009). Inspirado na biopolítica foucaultiana e no conceito deleuzeano de controle, José Gil sugere que a figura emblemática do século XXI, especialmente nas sociedades liberais avançadas, seria a do *homem avaliado* (GIL, 2009, p. 52), versão atualizada do *homem endividado* que, para Deleuze, teria sucedido ao *homem confinado* entre os muros disciplinares. Cabe, de início, explicitar a noção deleuziana.

Segundo Deleuze (DELEUZE, 1992), na disciplina se está sempre recomeçando, fechando e abrindo ciclos, o que sugere a sensação de se ter quitado dívidas entre um confinamento e o subsequente (família, escola, hospital, caserna etc). Sensação ilusória, na medida em que a uma quitação corresponde a contração de nova dívida em outros módulos disciplinares. Entretanto, de alguma maneira, tem-se a sensação de concluir uma etapa como, por exemplo, no caso das séries escolares. Nas sociedades de controle, por sua vez, nada se termina ou se conclui. Não se experimenta a sensação de quitação, mesmo que aparente, como na disciplina. Deleuze contrapõe a lógica operante nas sociedades disciplinares, que funcionam como uma quitação aparente de dívidas em um processo serializado de confinamentos, àquela em funcionamento nas sociedades de controle, aproximável da noção de uma moratória ilimitada, em variação contínua e infinita (DELEUZE, 1992, p. 222). Nesse sentido, o dispositivo da avaliação equivaleria a uma versão radicalizada desse interminável diferir do endividamento, incrementando o regime de dívidas, certamente impagáveis, ainda mais intensificadas pela ausência mesma de fim ou "norte" — como diria José Gil — na lógica inquietante da superação permanente. Os interesses do capital financeiro vão mesmo no sentido do acesso ao crédito — portanto à dívida — de que dependem tanto indivíduos quanto países. Daí a importância da *credibilidade*, ou seja, das condições de acesso à dívida. Nesse sistema, ter o privilégio de aceder ao endividamento traça a linha fronteiriça entre o poder consumidor e a exclusão, ou a pobreza.

José Gil salienta que a avaliação não se restringe atualmente ao sistema educativo. Ela permeia todo o tecido social, funcionando como um "diagrama transversal a toda a sociedade" (GIL, 2009, p. 52). Em sua condição diagramática, hierarquiza, seleciona, integra e, sobretudo, exclui. Ou seja: só integra para estabelecer graus nuançados de exclusão (GIL, 2009, p. 53), tendo por horizonte padrões inalcançáveis e infinitos, o que não poderia deixar de produzir angústia. Essa lógica de funcionamento alcança todas as esferas da vida. Articula-se a modos de viver impregnados por valores empresariais, tal como as noções de empreendedorismo, de autossuperação constante e permanente, que têm por efeito culpabilizar aquele que falha, privatizar os *fracassos*. Deleuze já havia sugerido que, no lugar do "indivíduo" (aquele que não se divide), tendemos a nos tornar "dividuais", seres cindidos, em eterna competição com os outros e sobretudo com nós mesmos (DELEUZE, 1992, p. 222).

Tal como enfatizado em *Queda livre*, o diagrama da avaliação produz sensações de inadequação, fonte de grandes sofrimentos, medicalizados sob o modo de níveis variados de depressão ou como transtornos de ansiedade.[1] A pressão constante das avaliações faz com que, em vez de se identificar e colocar em xeque a lógica e o regime de vida em que se está inserido, se incorpore e naturalize o imperativo. Os excluídos em diferentes graus se convencem de sua própria inferioridade, de seu *impoder* tanto face ao avaliador quanto ante a nebulosa imagem ideal. José Gil cita as oportunas afirmações de Jacques-Alain Miller, no livro *Voulez-vous être évalué?* (Você quer ser avaliado?): "a comparação é, com efeito, o nú-

---

1. Segundo dados divulgados em 2017 pela OMS, a depressão cresce no mundo e o Brasil é o quinto país nesse *ranking*, contando na época com cerca de 11 milhões e meio de casos, sendo apenas superado, em números absolutos, pelos EUA. Ainda segundo a OMS, o Brasil é o campeão em prevalência de transtornos de ansiedade. Disponível em: *https://glo.bo/2IQ3wop*. Acesso em 22 de Julho de 2019.

cleo da avaliação"; "a avaliação visa à autocondenação pelo sujeito" (MILLER *in* GIL, 2009, p. 53). A privatização do sentimento de inadequação ou fracasso atenua, senão anula, a visada crítica, desativando a força motriz da transformação. Contínua e ininterruptamente sob avaliação, o *dividual* se mede por suas posições em escalas de performance constantemente atualizadas. Inevitavelmente, os expelidos dessa corrida sem norte fixado tendem a se constituir como legiões.

Eis como procede, conforme José Gil, o diagrama da avaliação: em primeiro lugar, captura forças livres, fixando-as hierarquicamente em relações de poder. Submete então a singularidade do indivíduo a um crivo geral, "em que se comparam, se quantificam e se qualificam competências" (GIL, 2009, p. 53). Como esses padrões estabelecem graus máximos, virtualmente infinitos (a dívida impagável) de otimização de desempenhos, induzem necessariamente sentimentos de impotência, insatisfação, angústia e inferioridade. Privatizam-se a insuficiência, o fracasso, ao mesmo tempo em que se desmobilizam possíveis reivindicações coletivas.

Esse diagrama atravessa todo o campo social, mas tem se manifestado, de modo bastante direto e tangível, na educação e na vida acadêmica. Atentemos para a novidade da situação: não se trata do mesmo gesto de avaliar nos moldes da educação moderna, normalizadora e disciplinar, que implica términos e recomeços serializados (provas, exames, conclusões de cursos, diplomações). Conforme antecipou Deleuze (1992, p. 224), algo da empresa — sua "alma" — tende a se sobrepor à tradição disciplinar escolar. Em vez do velho par aprovação/reprovação, no culto da performance otimizada (EHRENBERG, 2010) produzem-se, interminavelmente, graus diferenciados e certamente mais sutis (mas não menos operantes) de reprovação ou exclusão. Enquanto a norma moderna estabelecia uma lógica dual (na escola, por exemplo, *aprovação/reprovação*), o *desnorte* contemporâneo dispensa a normatividade, apresentando-se como um horizonte infinito, inalcançável, de maximização de desempenhos, na lógica da superação permanente. Daí seu funcionamento como dispositivo de exclusão em vários graus, mesmo quando se apresenta como "avaliação de produtividade".

Um aspecto ominoso revelador dessa lógica de exclusão inerente ao dispositivo da avaliação manifesta-se atualmente nos protocolos médicos implementados no cenário de colapso da saúde decorrente da pandemia de Covid-19. Abre-se a grave questão ética dos parâmetros que vão nortear a escolha entre quem *merece* sobreviver com respiradores e quem vai ser abandonado à própria sorte. Esse exemplo é a prova extrema de que o motor da avaliação (em geral apresentada de modo positivo) é de fato a *exclu-*

são. E, até mesmo, no limite, o extermínio calcado em critérios atravessados por quadros valorativos. Situação ainda mais trágica em sociedades violentamente desiguais como a nossa.

Em geral, a avaliação compara para hierarquizar e, ao ranquear, promove a introjeção da lógica de funcionamento empresarial. Por isso, dispensa a normatividade disciplinar. No mesmo movimento, a norma perde seus contornos nítidos, volatiliza-se, dilata-se e se condensa na nuvem, inoculando nos corpos sensações de inadequação, tristeza e impotência. Eis uma das faces do que a pesquisadora Cristina Corrêa chamou de "sofrer por superfluidez" (CORRÊA *in* SIBILIA, 2012, p. 204). Para esses sofrimentos e sensações se oferecem proliferantes rubricas psiquiátricas e novos produtos da indústria farmacêutica (SAINT CLAIR, 2012a).

Passemos agora à nossa segunda referência. Em uma publicação dedicada à *Ideologia da avaliação* em meios acadêmicos (ZARKA, 2009), Philippe Büttgen e Barbara Cassin salientam que a avaliação, que deveria tão-somente classificar, serve antes de mais nada para justificar desclassificações e desengajamentos do Estado (BÜTTGEN e CASSIN, 2009). Para ambos os autores, o motor atual da avaliação é a *performance*, termo que opera magicamente, transformando o *mais* em *melhor*, a quantidade em qualidade, o cardinal em ordinal. Esse poder mágico derivaria de uma tensão interna à própria noção de performance, na medida em que tal termo designa, ao mesmo tempo, o mais objetivamente mensurável (como no caso dos indicadores de desempenho de uma máquina, de uma economia) e o aspecto mais singular de um ato individual, aquilo que não se repete — a *performance* de um cavalo, de um campeão. Em suma, através dessa palavra mágica, a *qualidade* torna-se uma propriedade emergente da *quantidade* (BÜTTGEN e CASSIN, 2009, p. 29).

Os autores também lembram que a "cultura de resultados", a lógica da *coopetição* (termo inquietante, fusão entre *cooperação* e *competição*) e o modelo de ranqueamento calcado em performances marcam a convergência e a circularidade entre novos sistemas de medição acadêmica e a empresa *Google*. Esta utiliza o algoritmo *PageRank* para hierarquizar a ordem das respostas na página, valendo-se do modelo acadêmico da citação. Os mais clicados são classificados em primeiro lugar, estabelecendo-se o império da *doxa*, que coloca na primeira colocação os sites mais citados... pelos sites mais citados. Ironicamente, *Google* caracteriza esse sistema como "democracia cultural" (BÜTTGEN e CASSIN, 2009, p. 29). Os pesquisadores são classificados pelo número de publicações em revistas que, por seu turno, são cotadas por outras revistas, também elas ranqueadas. Eis como são gerados novos labirintos kafkianos da quantificação produtivista[2] e da opinião tautologicamente autocertificada. Subjaz à crença nesse regime de avaliação permanente a angústia de correr o risco de perder a corrida para competidores nacionais e internacionais. Em síntese, segundo os dois autores, o modelo utilizado alavanca uma "economia do conhecimento", uma *knowledge-based society* cuja história se confunde com a das crises das bolsas de valores (BÜTTGEN e CASSIN, 2009, p. 35). Eis o valor preponderante: o mercado, suas leis, seus ritmos nervosos.

O diagrama da avaliação, ligado à quantificação e à lógica da exclusão, é pautado pela imediatez de resultados quantificáveis. Sua lógica sugere o anacronismo de processos que demandam uma temporalidade mais dilatada, tal como a própria visada crítica, reflexiva, que geralmente se espraia no tempo. Nesse sentido, a crítica reflexiva tende a ser confundida com *julgamento*, que se inscreve no campo da moral. Para desfazer esse mal-entendido, lembremos de modo breve a visão nietzschiana de avaliação, radicalmente diversa do diagrama até aqui descrito, e sua distinção da noção de julgamento. Res-

---

2. Lembremos que Raduan Nassar, autor que já recebeu o prêmio Camões de Literatura, escreveu uma obra exígua, 2 livros (e meio, segundo ele mesmo), extremamente contundente. O que, por si só, funciona como uma forma de resistência à quantificação produtivista. O *sucesso* literário, que não se mede quantitativamente, persiste como um modo de avaliar distante das pressões do diagrama aqui tematizado. Pode, por isso, ser ativado como alerta e sugestão de outros parâmetros a partir dos quais se pode estimar valores.

salte-se, de início, que não se deve confundir palavras e conceitos: embora o termo utilizado aqui seja o mesmo (*avaliação*), o sentido será totalmente outro, uma vez remetido à filosofia nietzschiana. Para abordarmos a concepção inaugurada por Nietzsche, reportamo-nos sobretudo à *Genealogia da moral*.

Com efeito, em sua obra, Nietzsche procede à avaliação dos próprios valores, isto é, à estimação das forças e perspectivas que se expressam em determinados valores — sempre histórico-culturais, portanto particulares e mutáveis. Em vez de discutir a suposta verdade ou universalidade dos valores, avalia a que servem os valores criados, que efeitos eles têm sobre a vida dos homens e da terra. Para tal, utiliza um critério particular, exposto de modo explícito: o filósofo avalia valores a partir de um diagnóstico tanto das forças que os estabelecem quanto de seus efeitos, no sentido do favorecimento ou do enfraquecimento, do esmagamento da potência da vida.

Arriscando uma etimologia fantasiosa, Nietzsche observa que a palavra alemã para "ser humano", *Mensch*, remete à ação de medir (*messen*), de avaliar. Afirma, então, que toda vida humana não pode deixar de avaliar, de medir, de instaurar, de inventar valores. Segundo Nietzsche, o homem é capaz de suportar os maiores sofrimentos, contanto que tenham algum sentido. Desfigurar os homens é destruir neles o sentido — como nos mostraram, por exemplo (e não apenas), os campos de concentração do Terceiro *Reich*. A genealogia implica, portanto, a avaliação dos próprios valores, dos interesses que se expressam neles, bem como de seus efeitos realizadores. Mas avaliar, atribuir sentidos permanece indispensável na medida em que valores (que, evidentemente, são variáveis) demarcam territórios existenciais em que se instala a vida humana. Quando não se julga, mas se avalia, parte-se necessariamente de certas apreciações acerca da vida e da história.

A avaliação nietzschiana, portanto, nada tem a ver com o diagrama da avaliação salientado neste capítulo. Tampouco com neutralidade ou isenção, no sentido de uma abstenção ante o valorar. Para Nietzsche, avaliar não se confunde com julgar. Julgar pressupõe a referência a sentidos e valores previamente dados, tomados como não interessados e supostamente universais. Estabelece uma coreografia na qual a instância que julga se exclui do campo do debate e do embate: o dedo em riste, apontando para o outro, é sua expressão mais evidente. Quando se julga, se parte da negação do outro como mau, injusto, desonesto, o que tem por efeito reforçar a pretensa ingenuidade, pureza ou idoneidade daquele que emite o juízo. Tal gesto, sempre fundado na negatividade, remete ao deus judaico-cristão, à moral como um sistema de valores que se pretende não inventado e desinteressado. Está presente igualmente nas práticas políticas pautadas pelo esquema rudimentar eles/nós, muito manipulado, por seu aspecto tosco e simplificador.

A discussão acerca do tema ganha, atualmente, uma importância crucial, na medida em que o mecanismo do julgamento tem pautado a cena pública, tanto em redes sociais quanto em jogos políticos[3]. Nietzsche, e em sua esteira Antonin Artaud, enfatizaram as violências do julgamento. Quando atualmente se confunde o exercício crítico com *julgamento*, pretende-se, mesmo de modo não consciente, enfraquecer e anular o movimento reflexivo, inserindo-o na camisa de força da moral, da crença em verdades únicas. Avaliar é muito mais difícil e nuançado. Foi o que procuramos experimentar neste capítulo, que não pretende julgar a avaliação, mas estimar as forças que se exprimem nela, sua lógica de funcionamento e sobretudo suas implicações para a vida e o pensamento.

---

3. A relação entre julgamento e ressentimento será desenvolvida no próximo capítulo.

Odiados pela nação: redes sociais, contágio e ressentimento *online*

O último episódio da terceira temporada de *Black Mirror* — denominado *Hated in the Nation* (Odiados pela nação) — abre-nos a possibilidade para a abordagem dos chamados *discursos de ódio*, que tanto têm mobilizado os debates atuais. O episódio é longo, mais elaborado e, além do tema central em que se insinuam e entrelaçam várias questões, contém certos detalhes que também merecem nossa atenção. Para facilitar o percurso neste capítulo, iremos segui-lo passo a passo, procurando iluminar e enriquecer os meandros de suas discussões. O principal eixo da análise girará em torno da disseminação do suposto *ódio* pelas redes sociais, priorizando as relações entre ética, contágio social e tecnologias digitais de comunicação e informação. Inicialmente, cabe destacar o fenômeno em questão.

Sintomas provenientes de diferentes setores socioculturais apontam para a conformação atual do que se tem chamado de uma *cultura do ódio*. Entretanto, parece-nos que a nebulosa afetiva do ódio demanda um trabalho filosófico bem mais fino, que talvez não diga precisamente respeito ao fenômeno em questão. O que nos interessa aqui enfatizar é, antes, o processo de propagação disseminada de fluxos de afetos e opiniões que, como veremos, mais se aproximam do travo amargo e corrosivo do ressentimento. Palavra frequente nos círculos midiáticos e no senso comum, o termo *ódio* — também presente no próprio título do episódio — é ele mesmo propagado por contágio (de que falaremos mais adiante), mais próximo, portanto, da opinião do que da investigação crítica.

A euforia de alguns anos atrás em torno das novas potencialidades democráticas da internet parece ir cedendo lugar a uma prudente desconfiança quanto às vulnerabilidades a que se está frequentemente exposto em tempos de hiperconexão. A eclosão diária de casos de intolerância, racismo e todo tipo de discriminação ganha, nas redes sociais, uma perigosa visibilidade e uma intensificação não menos preocupante. Uma pesquisa do grupo *Comunica Que Muda* (CQM) — alcunha curiosamente otimista — monitorou por três meses dez tipos de intolerância na internet no Brasil, dentre eles racismo, misoginia, homofobia, preconceitos referentes à classe social. Foram avaliadas 542.781 menções no *Facebook*, *Twitter*, *Instagram*, comentários de *sites*, *blogs* etc. Registrou-se na ocasião que o percentual de referências de teor violento nas mensagens colhidas em torno dos dez temas pesquisados foi superior a 84%. Outra sondagem, realizada por um grupo de pesquisa diferente, constatou que haveria mais de 200 mil simpatizantes do nazismo no país, assim classificados por terem efetuado *download*, ao longo de um ano, de mais de cem materiais relativos a temas tais como eugenia, xenofobia e antissemitismo (BERNARDO, 2017, p. 37–8)[1]. Se o poder das redes foi frequentemente celebrado em eventos políticos relevantes das duas últimas décadas, tais como a Primavera Árabe, o *Occupy Wall Street*, as manifestações brasileiras em 2013, assistimos igualmente ao recrudescimento da disseminação *online* de intolerâncias de toda sorte.

Explorando essa vertente, um interessante trabalho artístico do *Coletivo Garapa*, do Rio de Janeiro, recolheu vídeos de linchamentos postados no *YouTube* acompanhados de comentários agressivos e os reorganizou, esteticamente, na forma de um livro-manifesto chamado *Postais para Charles Lynch*. O tratamento estético (aplicação de filtros, recorte e colagem de palavras aleatórias originadas de discursos violentos) tem por efeito desvincular as imagens de seus contextos originais de barbárie, chamando dessa forma atenção para o terrível cenário que as tornaram possíveis, evidentemente sem referendar nem reproduzir de modo cúmplice a violência dos

---

1. Como a matéria a partir da qual extraímos a pesquisa data de 2017, é mais do que provável que esses números tenham sido, desde então, majorados.

atos de linchamento[2]. A própria referência, no título, e seu endereçamento (*postais*) à figura histórica de Charles Lynch salienta o viés crítico do trabalho, na medida em que traz à memória a historicidade desse fenômeno, o que tem por efeito desnaturalizá-lo.

O episódio de *Black Mirror* denominado *Hated in the Nation*, escrito pelo próprio criador da série (Charlie Brooker), dirigido por James Hawes, permite-nos refletir a respeito das novas modalidades de exercício de poder que têm nas redes sociais da internet um importante catalisador. O episódio foi, até a época, o mais longo da série, com duração de 89 minutos. Tendo estreado na Netflix em 21 de Outubro de 2016, possui um roteiro intrincado que dá margem a uma série de desdobramentos.

Vamos ao episódio: inicialmente, assistimos à entrada da detetive Karin Parke (Kelly MacDonald) em uma sala de tribunal para prestar depoimento. A narrativa passa então a ser construída em *flashback* a partir de mesclas entre lembranças de Karin, cenas de situações-chave e breves retornos ao cenário do tribunal. No primeiro *flashback*, acompanhamos Karin em sua chegada em casa. Ela desiste de cozinhar para si mesma e se senta em frente à televisão. Somos conduzidos às *headlines* do dia aparentemente desconexas, mas que entenderemos depois, retros-

---

2. Cf. *Postais para Charles Lynch*. Disponível em: *https://bit.ly/3feBjvT*. Acesso em 05 de Julho de 2019.

pectivamente, estarem todas interligadas: a defesa, por parte do chanceler Tom Pickerin, da posição do governo a respeito dos benefícios no caso de incapacitações (*disabilities*); a comoção pública por conta do suicídio de uma cadeirante; um abaixo-assinado *online* com mais de 200.000 assinaturas exigindo a demissão da colunista de jornal Jo Powers (Elizabeth Berrington) em razão de seu artigo polêmico a respeito da cadeirante; o anúncio de que mais uma espécie animal fora extinta; e, por último, a notícia — dada em uma sutil mudança para um tom de voz mais suave por parte da apresentadora — de que as *abelhas-drone* (ADI — *Autonomous Drone Insects*) foram ativadas pelo segundo verão seguido. Na tela, surgem rapidamente imagens desses seres híbridos que — como veremos — terão papel primordial no desenrolar do episódio.

A cena seguinte nos apresenta a polêmica colunista Jo Powers caminhando pela calçada na volta para casa. Ela é interpelada por um passante desconhecido que a insulta (*Bitch!*). Powers não demonstra surpresa, esboça um sorriso irônico, reforçado quando visualiza o crescente número de menções a seu nome nas redes sociais. Já em casa, entregam-lhe um bolo confeitado com um sonoro *Fucking bitch*, mais uma prova de seu *sucesso*. Já por esse detalhe, podemos verificar que o episódio sugere uma importante característica da difusão da violência: sua banalização como ponto de apoio para alavancar popularidade nas redes sociais, por meio de *likes*, *dislikes* e compartilhamentos. Na internet, em franca e declarada guerra por visibilidade, os indivíduos são instados a se tornarem *célebres*[3], mesmo como alvo de manifestações odientas. Esse aspecto do impacto da opinião e seu grau de difusão e virulência foi pioneiramente levantado, desde a virada do século XIX para o XX — muito antes, portanto, da invenção de meios digitais de comunicação —, pelo filósofo e sociólogo Gabriel Tarde. Vejamos um trecho do autor que soa da maior atualidade:

> por mais que uma opinião se difunda, ela pouco *manifesta* se for moderada; mas, por menos difundida que seja uma opinião violenta, ela *manifesta* muito. Ora, as "manifestações", expressão ao mesmo tempo bastante compreensiva e clara, desempenham um papel imenso na fusão e na interpenetração das opiniões de grupos diversos e em sua propagação. Pelas manifestações, são as opiniões mais violentas que mais depressa e mais claramente tomam consciência de sua existência, o que favorece estranhamente sua expansão (TARDE, 2005, p. 64).

Nesse trecho, Tarde articula o processo de expansão de mensagens a seus diferentes graus de vi-

---

3. No breve conto "Famigerado", do livro *Primeiras estórias*, João Guimarães Rosa explorou a ambiguidade, a distância entre o emprego e o sentido dicionarizado da palavra "famigerado". Malgrado seu uso pejorativo, esse termo remete à *fama*, significando, positivamente, "renomado", "conhecido", "famoso", "célebre". No episódio em questão, a fama também revela sua face sombria, *famigerada*.

olência, sugerindo que a opinião tanto mais se reproduz quanto mais for estridente e pouco sutil. O autor, com isso, retira a ênfase nas *causas* e *motivações* da violência e a desloca para os mecanismos de sua *manifestação* e para seus graus de propagação. O próprio Gabriel Tarde, no texto, assinala o caráter peculiar do uso que faz do termo *manifestação*, dando maior ênfase à intensidade das forças envolvidas do que ao aspecto meramente quantitativo. Além disso, articula essa intensidade à rapidez com que as opiniões odientas tomam corpo na consciência, tornando-se, portanto, mais evidentes. Quando não nos contentamos com soluções usuais que inventam causas definitivas para fenômenos complexos, permanece a perplexidade em torno da seguinte questão: como é que manifestações agressivas, em sua virulência, propagam-se com tal intensidade, para além da época de Tarde, seja através de cliques humanos ou de *bots* programados? Na perspectiva tardeana, aliás, pouco importa se a adesão supõe a reflexão e a consciência humanas. É a propagação mesma que a solidifica.

No final do século XIX, Friedrich Nietzsche também se espantou com o poder propagativo não apenas da violência, mas igualmente da tristeza, de todo tipo de negatividade em um sentido bem mais amplo. Também o filósofo acentua o potencial de contágio do negativo, inversamente proporcional a sua expressão numérica. Lembremos, por exemplo, o aforismo 239, intitulado *O sem alegria,* do livro *A Gaia ciência*: "Basta apenas uma única pessoa sem alegria para criar constante mau humor e céu turvo em toda uma casa; e somente por um milagre acontece de faltar essa pessoa! — A felicidade está longe de ser uma enfermidade tão contagiosa assim — de onde virá isso?" (NIETZSCHE, 2001, p. 180, tradução alterada em cotejo com o original alemão). Tal como o filósofo, por mais que tentemos dar conta do poder de contágio do negativo, não apaziguamos de forma alguma nossa perplexidade.

Voltemos ao episódio. A detetive Karin assiste na TV a um programa de entrevistas de fim de noite que recebe um *rapper* bem-sucedido. Em um telão instalado no palco, mostra-se um vídeo de um menino que imita a forma de dançar do *rapper*. Surpreendentemente, ridicularizando a performance da criança, o *rapper* profere então esta frase: "Não me odeiem por falar a verdade". Recorrente na cultura atual, a associação entre espontaneidade e verdade parece dirimir toda polidez, que já foi indispensável à sociabilidade. Quanto mais grosseira, mais *sincera*; portanto, mais verdadeira. Essa premissa parece estar alterando drasticamente os modos de comunicação no espaço público, seja nas redes sociais ou na arena da disputa política midiatizada[4].

Karin então é chamada para uma ocorrência. Ao chegar no local do crime, conhece Blue Coulson (Faye Marsay), detetive estagiária. São informadas de que a colunista Jo Powers fora assassinada. No episódio, a existência das duas detetives funcionará como oportunidade para a contraposição entre diferentes visões de mundo a respeito das tecnologias de comunicação. Enquanto Karin é a policial experiente que desconfia da relevância das mídias na produção da sociabilidade contemporânea, Blue — especialista em crimes digitais — integra a seu raciocínio investigativo detetivesco a lógica das redes. A estagiária passa a pesquisar no computador menções a Jo Powers na internet, rastreando palavras ofensivas atreladas ao nome da vítima: xingamentos diversos, além de verbos como matar e morrer. Embasada pela experiência de que os indícios apontavam para um crime passional, Karin subestima a iniciativa de Blue, afirmando que o ódio na internet é instável, que é "ódio pela metade". A investigadora Karin desconsiderava os efeitos tangíveis da violência verbal disseminada *online*, entendendo-a como incapaz de produzir danos concretos.

---

4. Trataremos com mais acuidade dessa questão no Capítulo 3, em torno do episódio *Waldo Moment* (Momento Waldo).

No caso da morte de Jo Powers, as policiais passam a investigar a professora que enviou o bolo *Fucking bitch*. Blue descobre que esta postou mensagem com a *hashtag #DeathToJoPowers* ("MorteaJoPowers"). Ao ser indagada a respeito do bolo, a professora explica que conseguiu o dinheiro para a encomenda em uma padaria cara, por meio de um *crowdfunding* com mães que fazem parte de um fórum presidido por ela. Justifica seu ato relembrando que Powers havia escrito em sua coluna coisas terríveis e que, ao mandar o bolo, estava apenas fazendo uso de sua *liberdade de expressão*. "Com uma mensagem ameaçadora", completa Karin, em desacordo.

Esse argumento da professora está presente nos discursos ofensivos da atualidade e em manifestações que evocam, por exemplo, o *orgulho branco* ou *orgulho hétero*. Tal argumento procura minar o próprio sustentáculo da noção de liberdade, construída sobre as bases da igualdade de direitos. A noção de liberdade de expressão nasce com as democracias modernas que instituem em seus ordenamentos jurídicos a ideia de igualdade de todos perante a lei. *Orgulho gay* e *Orgulho negro* surgiram exatamente na perspectiva da conquista desse estatuto de igualdade, enquanto *orgulho branco* ou *hétero* não passam de apropriações cínicas de quem tem sido a base hegemônica e privilegiada desses direitos. Logo, é essa própria condição da liberdade burguesa que parece sofrer erosão na escalada de práticas fascistas que, muitas vezes, lançam mão do princípio de "liberdade de expressão" exatamente para atacar, com sua desfaçatez, seus pressupostos. Além disso, ser *razoável* e polido não faz mais tanto sentido no universo mediado pelas redes e, ao que parece, na própria composição do discurso político contemporâneo. Ao contrário, a impolidez e grossura passam a serem lidas (e valorizadas) na chave da *autenticidade*, da *sinceridade*. A esse respeito, cabe lembrar o pequeno e oportuno esboço de texto chamado "Contra os que têm resposta para tudo", presente na *Dialética do Esclarecimento*. Nesse texto, Adorno e Horkheimer afirmam que o formato social da discussão, do diálogo, em que as partes apresentam seus argumentos, ouvem educadamente e tecem observações umas sobre as outras, baseia-se na ideia de troca burguesa *entre iguais*, deitando raízes nas mundanas trocas comerciais. A discussão funciona, portanto, porque respeita as bases de um igualitarismo necessariamente construído:

> Os fins só devem ser alcançados através de uma mediação, por assim dizer, através do mercado, graças à pequena vantagem que o poder consegue tirar observando a regra do jogo: concessões em troca de concessões. A inteligência é superada tão logo o poder deixa de obedecer à regra do jogo e passa à apropriação imediata. O meio da inteligência tradicional burguesa, a discussão, se desfaz. Os indivíduos já não podem mais conversar e sabem disso (...) *Não é fácil falar com um fascista. Quando o outro toma a*

palavra, ele reage interrompendo-o com insolência. Ele é inacessível à razão porque só a enxerga na capitulação do outro (ADORNO; HORKHEIMER, 1985, p. 196, *grifo nosso*).

Não é à toa, portanto, que políticos atualmente vitoriosos calam insolentemente repórteres incômodos (como se não tivessem de responder a suas em geral embasadas inquirições), ousam furtar-se a debates que antecedem a pleitos (sem por isso serem eleitoralmente punidos), apoiando-se sobretudo na disseminação de mensagens *online*. Parece haver uma inquietante adequação entre a imediatez de rápidas trocas *online* na disputa feroz por atenção, o poder do insulto para capturar uma percepção crescentemente dispersa, e efeitos fascistas. O episódio *Odiados pela nação* é perspicaz, entretanto, ao não reduzir as práticas difamatórias de cunho fascista a pessoas ou grupos específicos. Da colunista agressiva com a cadeirante até a professora indignada, passando pelos milhares de usuários de redes sociais até o personagem-chave da trama (que abordaremos em breve), a agressividade difunde-se como motor de uma nova sociabilidade *on/offline*, introduzindo assim novos problemas e suscitando, portanto, outros instrumentos de combate.

De volta ao episódio: ao ser questionada pela estagiária Blue sobre ter desejado a morte da colunista Jo Powers, a professora sequer se lembrava disso, até que a detetive lhe mostra a *hashtag #DeathToJo-*

Powers. Diz então tratar-se de um jogo de internet, de uma brincadeira *a que todos estavam aderindo*, sem, no entanto, se questionar acerca da banalização do ato de desejar a morte de alguém. Os grupos se reforçam na internet ao se reproduzirem viralmente[5]; assim, suas *manifestações* se reforçam, fazendo com que mesmo uma pacata professora de crianças passe a repetir expressões violentas, a aderir a um movimento, como se se tratasse apenas de um jogo em um mundo paralelo, isento de efeitos reais.

A professora sai do foco da investigação quando a análise toxicológica do bolo indica que este não estava envenenado. É quando surge a próxima vítima das injúrias nas redes: o já mencionado *rapper* que havia debochado da criança que imitava sua dança em um programa de televisão. Após passar mal ao final de um show, o músico é levado para fazer um exame de ressonância magnética, que detecta uma estranha imagem traçando uma espécie de caminho pelo cérebro. Acompanhamos então o deslizar de seu corpo já morto para fora da esteira do equipamento de exame. O globo ocular esquerdo está des-

---

5. A proliferação inocente de discursos difamatórios pela internet lembra o filme *Gremlins*, de 1984 (ano que remete, curiosamente, à famosa distopia de George Orwell), dirigido por Joe Dante: a partir de um animal fofinho e inocente, dadas certas condições, deslancha-se a proliferação exponencial de monstrinhos violentos, irônicos e cruéis. Monstrinhos também simpáticos e idiotas. Lembremos que foi também no início dos anos 80 que começaram a se popularizar os computadores pessoais.

troçado. Um dos membros da equipe médica encontra um pequeno objeto na esteira: trata-se de uma das *abelhas-drone*, ADI, citadas de modo casual no telejornal do início do episódio. Temos aqui uma virada na trama.

No dia seguinte, o médico legista que fez a autópsia do corpo de Jo Powers informa às detetives que encontrara no cadáver uma estranha perfuração na forma de um túnel que se iniciava no canal auditivo e ia até o fundo no cérebro da vítima, além de uma das *abelhas-drone*. O legista explica que a abelha não só cavou o túnel até o cérebro através do canal auditivo como também se instalou na ínsula dorsal posterior, que é o centro cerebral responsável pela dor. Diante da dor extrema, Powers cortara sua própria garganta, deduz a detetive Karin.

As investigadoras procuram então a sede do Projeto Granular, responsável pela produção e gestão das *abelhas-drone*. O diretor do projeto explica que estas foram uma resposta ao *Distúrbio de Colapso de Colônia*, que teria extinguido as abelhas *orgânicas* sem que, no entanto, se soubesse o motivo[6]. Mo-

---

6. Em mais uma sinistra aproximação do cenário distópico de *Black Mirror* à nossa realidade, temos presenciado, desde o governo Temer, e sobretudo no governo que o sucedeu, a liberação crescente de uma série de agrotóxicos de alta periculosidade. Dentre eles, o polêmico sulfoxaflor, acusado de exterminar abelhas nos Estados Unidos. A toxidade dos corpos parece reverberar a toxidade da violência como forma ascendente de sociabilidade. Cf. GRIGORI, Pedro. Governo brasileiro liberou registros de agrotóxicos altamente tóxicos. *El País On-*

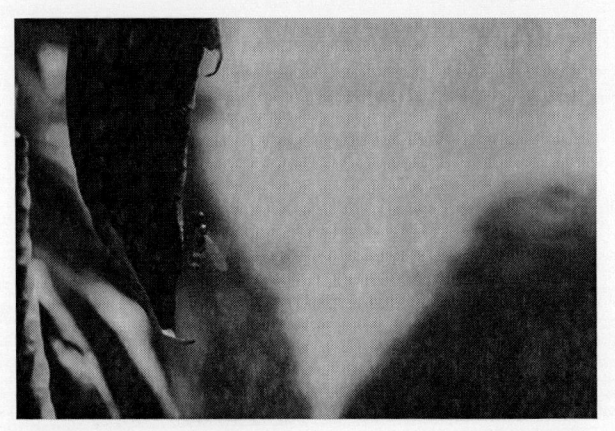

Figura 7: ADI em ação no Projeto Granular
HATED in the Nation (Temporada 3, ep. 6). *Black Mirror* [Seriado]. Direção do episódio: James Hawes. Produção da série: Barney Reisz, Charlie Brooker, Annabel Jones. Londres: Produtora Endemol UK, 2016. 89 minutos, son., color.

vidas a energia solar, as ADI substituem as extintas abelhas, prescindindo do néctar das flores, mas cumprindo a função de polinizá-las. Encontram as flores por meio de um sensor visual básico que produz reconhecimento de padrão rudimentar com vistas à localização de flora compatível. Não haveria ninguém que as controlasse. A partir da configuração do comportamento, elas agiriam por elas mesmas. São capazes ainda de se reproduzirem exponencialmente.

Ao ser identificado que uma das *abelhas-drone* escapou do controle próximo à residência de Jo Powers, a detetive chefe ordena que a empresa lhe

line, 22 jan. 19. Disponível em: *https://bit.ly/2KngWBw*. Acesso em 22 de Janeiro de 2019.

envie uma lista com os nomes de todos os funcionários que trabalharam no projeto. De volta à sede da polícia, as investigadoras descobrem um novo caso de assassinato envolvendo as ADI: trata-se, como sabemos, do *rapper*. Tanto a colunista quanto o *rapper* morreram em meio a polêmicas e comentários aviltantes na internet, o que instiga a detetive estagiária a perscrutar com mais afinco possíveis relações entre esses crimes. Descobre então que ambos foram os mais mencionados no jogo *online* acessado pela *hashtag #DeathTo* ("Morte a"). A origem das *hashtags* remete a "*tweets* idênticos de contas *bots* duplicadas", ou seja, a disparos automáticos, como *spam*. Trata-se de uma estratégia para generalizar a *hashtag*, tornando-a *popular* ao disseminá-la, produzindo, assim, um efeito de adesão por parte das pessoas[7].

7. O episódio é perspicaz ao tematizar a estratégia que vem sendo utilizada por empresas de dados como a *Cambridge Analytica*, que influenciaram diretamente eleições nos EUA e também no Brasil. Denúncia de reportagem da *Folha de S. Paulo* mostrou que empresas compraram pacotes de disparos em massa contra o PT, partido do oponente do então candidato do PSL Jair Messias Bolsonaro, na eleição de 2018. Como tal prática configuraria doação ilegal de campanha (cada contrato teria sido acertado em torno de 12 milhões de reais), mereceu investigação do TSE (Tribunal Superior Eleitoral). Cf. MELLO, Patrícia Campos. "Empresários bancam campanha contra o PT por Whatsapp". *Folha de S. Paulo*, 18 de outubro de 2018. Disponível em: *https://bit.ly/35L3lME*. Acesso em 22 de Janeiro de 2019.

No dia da posse de Bolsonaro, apoiadores hostilizavam setores da imprensa com gritos de louvor ao *Whatsapp* e ao *Facebook*. Cf. "Para repórter da Globo, apoiadores de Bolsonaro gritam *Whatsapp* e *Facebook*". *Folha Online*. 1 de janeiro de

Vale a pena nos determos um pouco mais nos mecanismos de disseminação de violência pelas redes sociais. Para isso, propomos retomar em mais detalhes o pensamento de Gabriel Tarde. Embora bastante em voga atualmente, as temáticas da viralização e do contágio social estão longe de terem sido inauguradas pelas redes sociais da internet. Nesse sentido, Tarde pode ser considerado um visionário. Evitaremos, porém, classificá-lo como *precursor* de teorias atualmente propagadas, tais como as do ator-rede ou da memética, sob pena de obscurecer a riqueza e as especificidades do universo teórico tardeano[8]. Talvez seja preciso recorrer a um pensador do século XIX para que se produza o espanto necessário, capaz de nos despertar do sonambulismo que atualmente nos caracteriza. Trata-se de ser contemporâneo no sentido proposto por Giorgio Agamben:

Contemporâneo é aquele que recebe em plena cara o feixe de treva que provém do seu tempo. (...) É como se aquela luz invisível que é o escuro do presente projetasse sua sombra sobre o passado e este, tocado por esse feixe de

---

2019. Disponível em: *https://bit.ly/36UnWo8*. Acesso em 22 de Janeiro de 2019.

8. Bruno Latour, por exemplo, refere-se a Tarde como um "antecessor", "progenitor" (*forefather*) da teoria ator-rede. Cf. LATOUR, Bruno. "Gabriel Tarde and the end of the social". In PATRICK, Joyce (org.) *The Social in Question. New Bearings in History and the Social Sciences*, Routledge, London, pp.117–132. Disponível em: *https://bit.ly/33oRTKR*. Acesso em 9 de Fevereiro de 2018.

sombra, adquirisse a capacidade de responder às trevas de agora (AGAMBEN, 2009, p. 24–25 e 31, nossa tradução).

Sejamos, pois, *contemporâneos*, explorando ainda mais dois pensadores que, do século XIX, continuam projetando suas luzes singulares em direção a nosso tempo. Tarde pensou o funcionamento das sociedades sob um fundo de pura singularidade e diferença[9]. Retomemos algumas de suas reflexões e ideias. De início, é importante ressaltar que a sociologia tardeana é uma ontologia. A diferença não é localizada apenas nas sociedades humanas: é crucial também no mundo físico-químico e em todo mundo vital. Pares opositivos fundadores da Sociologia — como por exemplo indivíduo versus sociedade — são alheios ao pensamento do filósofo. Para Tarde, um indivíduo já é, ele mesmo, uma sociedade de células, de compostos químicos, divisíveis até o infinito, como mônadas de Leibniz, porém sem contar com a harmonia preestabelecida de um suposto Deus assegurador. À diferença de Leibniz, Tarde considera as mônadas abertas, sem garantia de qualquer harmonia a cargo de um suposta Mônada Superior: como pura processualidade imanente, são abertas e mantêm constante comunicação umas com as outras.

O pensamento tardeano restou por várias décadas obliterado até que o interesse pela diferença suscitado pelos trabalhos de Deleuze, no final do século

---

9. A esse respeito, cf. SAINT CLAIR, 2012b.

xx, fez com que Tarde voltasse ao debate e que sua obra fosse, inclusive, paulatinamente reeditada na França. Professor de Durkheim, considerado um dos fundadores da Sociologia institucionalizada como ciência, Tarde procurou investigar a constituição das sociedades a partir de princípios bem diferentes daqueles postulados por seu aluno, ou seja, não partindo das homogeneidades e identidades dos grupos, daquilo portanto que os grupos sociais apresentam em comum. Sua sociologia presume que o que existe originalmente são apenas singularidades em diferenciação, puro movimento impermanente:

Existir é diferir e, de certa forma, a diferença é a dimensão substancial das coisas, aquilo que elas têm de mais próprio e mais comum. É preciso partir daí, evitando qualquer explicação; para onde tudo caminha, mesmo a identidade, de onde falsamente partimos. Pois a identidade é apenas um mínimo, não passando de uma espécie, e espécie infinitamente rara, de diferença, assim como o repouso é apenas um caso do movimento e o círculo uma variedade singular da elipse. (...) A diferença é o alfa e o ômega do universo. (TARDE, 2003, p. 70)

Ora, se tudo é originalmente diferença, o que precisa ser explicado é justamente a identidade, as práticas de homogeneização que constituem as sociedades. Como se explica que, quase que por um passe de mágica, pessoas passem a pensar, a agir e a sentir de forma semelhante, a ponto de podermos considerá-las partes integrantes de um grupo social?

Para Tarde, a força constituinte das homogeneidades relativas dos grupos sociais, vitais e físico-químicos em diferenciação impermanente é uma força de contágio, um processo de contaminação virótica, de pura sugestibilidade. No mundo físico-químico, chama-se ondulação; no mundo vital, geração (ou hereditariedade) e, no mundo social, imitação. Como constata Tony Sampson, interessante leitor contemporâneo do sociólogo, "a teoria de Tarde acerca do encontro social enfatiza que as generalizações sociais são derivadas de uma repetitiva sucessão de um desejo acidental" (SAMPSON, 2012, p. 18, nossa tradução). Identidades de grupos sociais são sempre provisórias, em equilíbrio dinâmico relativo. Portanto, permanecem em aberto.

Mas o que é efetivamente contagiado? Para Tarde, são duas *quantidades psicológicas* chamadas *crença* e *desejo*. Tarde afirma que crenças e desejos não são qualidades, mas *quantidades*, massas que crescem e decrescem, em combinação com as qualidades singulares em movimento. Em uma escala de graus, uma crença vai da pura negação à completa afirmação, o estado neutro sendo a dúvida. Um desejo vai da pura repulsa à total adesão, enquanto a apatia corresponde ao estado neutro. Uma singularidade dotada de grande carga de crença e desejo seria capaz de contagiar as crenças e os desejos de outras singularidades, tornando-as momentaneamente semelhantes a ela. Apesar do uso dos vocábulos crença e desejo, é preciso ter cuidado, contudo, para não se compreender o pensamento tardeano como um psicologismo. Crença e desejo não seriam frutos de processos individuais; ambos corresponderiam a fluxos que se combinam a todas as singularidades das três esferas (físico-química, vital e social). As imitações em Tarde não são restritas ao indivíduo. Conforme apontaram Deleuze e Guattari,

Uma micro-imitação parece efetivamente ir de um indivíduo a um outro. Ao mesmo tempo, e mais profundamente, ela diz respeito a um fluxo ou a uma onda, e não ao indivíduo. A imitação é a propagação de um fluxo; a oposição é a binarização, a colocação dos fluxos em binaridade; a invenção é uma conjugação ou uma conexão de fluxos diversos (DELEUZE; GUATTARI, 2004, p. 98).

Mesmo precárias e instáveis em si mesmas, tais homogeneidades (como, por exemplo, uma tendência de opinião pública) frequentemente aparentam ter grande solidez, por conta das repetições que reatualizam o gesto imitativo, convocando ainda mais adesões a ele. Ou seja: sua consistência é sempre, por um lado, ilusória; por outro, mera produção imitativa. O contágio social se dá, na maioria das vezes, de forma inconsciente. Daí sua força e a adesão por ele suscitada. Nem sempre nos damos conta da imitação e, mesmo quando o fazemos, é porque já houve imitação antes mesmo que tal contágio atinja o plano da consciência. É mais fácil compreender isso se entendermos que Tarde descreve a vida social como um estado sonambúlico. "A sociedade é imitação, e a imitação é uma espécie de sonambulismo" (TARDE, 2001, p. 147). Esclarece ainda:

O estado social, como o estado hipnótico, não é outra coisa senão uma forma de sonho, um sonho de comando e um sonho de ação. Não ter as ideias sugeridas e conceber suas crenças como espontâneas: tal é a ilusão própria do sonâmbulo, assim como a do homem social. (TARDE, 2001, p. 137, nossa tradução)

Salientemos que não se trata aqui de um uso metafórico: a imitação difere do sonambulismo ou da hipnose apenas em *grau*, mas não em *natureza*. Nesse sentido, estamos sempre sonhando nossas vidas, como já bem o sabia Calderón de la Barca, autor da famosa peça *La vida es sueño*. De modo semelhante, o contágio em Tarde tampouco é uma metáfora: trata-se de fato de "forças de encontro relacional no campo social" (SAMPSON, 2012, p. 4) que implicam uma captura ontológica do movimento do *socius* em bases radicalmente diferentes daquelas erigidas pela Sociologia posterior. Parece-nos que a perspectiva tardeana é bastante fértil para pensarmos os modos atuais de produção de coletividades. Em tempos de propagação virótica, de captura da atenção hipnótica por dispositivos tecnológicos, de disseminação de crenças e desejos nas redes sociais, grandes paixões e ódios circulam em contágio ponto a ponto, cristalizam-se e alcançam aparente solidez.

Faz muita diferença pensar que adquirimos uma opinião política, por exemplo, porque fomos contagiados por infinitesimais miríades de crenças e desejos, no lugar de afirmar que nos convencemos pelos argumentos da opinião por via racional, reforçando o estatuto de sujeito reflexivo, conceito ele mesmo propagado por imitação por séculos no Ocidente. Isso porque o que se propaga são crenças e desejos, e não *discursos* apenas. Em uma perspectiva tardeana, o discurso é interligado a um fluxo metadiscursivo de afetos, sentimentos e emoções contagiosos. Desse modo, podemos nos afastar mais uma vez da opinião de que atualmente se propagaria um *discurso de ódio*. De maneira mais incisiva, constatamos que se viralizam de modo molecular — muito mais inquietante e insidioso — não apenas discursos, mas especialmente massas de agressividade em matéria subrepresentativa.

Inspirados por Tarde, Deleuze e Guattari cunham os conceitos de *molar* e *molecular* para dar conta dessa pletora de processos sociais que um mesmo fenômeno aparentemente simples comporta:

Toda sociedade, mas também todo indivíduo, são pois atravessados pelas duas segmentaridades ao mesmo tempo: uma molar e outra *molecular*. Se elas se distinguem, é porque não têm os mesmos termos, nem as mesmas correlações, nem a mesma natureza, nem o mesmo tipo de multiplicidade. Mas, se são inseparáveis, é porque coexistem, passam uma para a outra, segundo diferentes figuras (...) Consideremos conjuntos do tipo percepção ou sentimento: sua organização molar, sua segmentaridade dura, não impede todo um mundo de microperceptos inconscientes, de afectos inconscientes, de segmentações finas, que não captam ou não sentem as mesmas coisas, que se distribuem de outro modo, que operam de outro modo (DELEUZE; GUATTARI, 2004, p. 90).

Os fluxos moleculares de crenças e desejos sempre correm o risco de serem capturados, fixados, estabilizados, ordenados segundo padrões molares. Nesse processo, os meios de comunicação possuem um papel crucial. Maurizio Lazzarato, a partir de bases tardeanas, salienta:

A opinião pública, a criação do sensível, tal como são geridas pelas mídias nas sociedades capitalistas, se juntam a essa potência infinitesimal de formação e transformação de desejos e crenças, para roubar-lhe toda virtualidade, para transformá-la em um instrumento de imposição do monolinguismo, um meio de transmissão de informação e de comunicação (as palavras de comando do poder) que neutraliza qualquer potência de co-criação e de co-efetuação de mundos possíveis (LAZZARATO, 2006, p. 165).

Apesar de seu viés crítico, Lazzarato, nesse texto publicado em 2006, esboçara certo otimismo em relação às redes da internet, opondo-as às mídias de massa (jornais, televisão etc). Segundo essa perspectiva, que consideramos de certo modo problemática, além de um tanto datada em função de acontecimentos recentes, é devido ao próprio mecanismo de produção e circulação de informação nas redes, por contágio ponto a ponto, que se tornaria menos provável que a potência de variação infinitesimal de crenças e desejos fosse capturada. Já nas mídias de massa, uma vez que o polo da emissão seria único, inviabilizaria a autonomia dos polos receptores de mensagens. Ora, tanto em Tarde como em Deleuze e Guattari, a atuação da esfera subrepresentativa molecular não está necessariamente atrelada a tais polos comunicacionais. Tanto é assim que, atualmente, é em especial nas redes sociais da internet que se organizam os complexos molares e moleculares de agressividade mais significativos.

Também nesse aspecto o cenário distópico esboçado em *Black Mirror* parece nos fornecer pistas acuradas acerca dos novos e instigantes problemas vinculados à viralização da violência em redes sociais. Retomemos o fio condutor do episódio. A policial estagiária Blue identifica que tanto a colunista como o *rapper* assassinados foram alvo de um jogo *online* acionado pela *hashtag #DeathTo*. Em cada *tweet* postado com essa *hashtag*, Blue revela que havia um vídeo anexo com as instruções para o jogo denominado *Jogo de Consequências*. Suas regras instruem friamente os participantes: escolha um alvo, assimile o nome do escolhido à *hashtag #DeathTo* e, assim, a

Figura 8: Abelhas-drone *em formação de ataque*
HATED in the Nation (Temporada 3, ep. 6). *Black Mirror [Seriado]. Direção do episódio: James Hawes. Produção da série: Barney Reisz, Charlie Brooker, Annabel Jones. Londres: Produtora Endemol UK, 2016. 89 minutos, son., color.*

pessoa mais votada no dia será eliminada às 17 horas. O jogo recomeça a cada novo dia. Blue aponta que a campeã de votos do dia até então era uma moça chamada Clara Meades (Holli Dempsey). A razão da difamação *online* dirigida a Meades fora uma *selfie* em que ela simulava urinar em frente a um monumento a mortos de guerra. A equipe policial decide agir antes que ela seja assassinada pelas ADI. Enquanto se dirigem ao apartamento de Clara, o diretor do projeto das *abelhas-drone* detecta que seu centro de operação está sob ataque de *hackers*. Clara é conduzida pelos policiais a um endereço supostamente seguro. A detetive estagiária é então informada pelo diretor de que o centro de ADI perdeu o controle de uma colmeia inteira, com milhares de abelhas, perto da casa de campo em que Clara fora escondida.

Figura 9: Das abelhas-drone *aos pássaros hitchcockianos*
HATED in the Nation *(Temporada 3, ep. 6). Black Mirror [Seriado]. Direção do episódio: James Hawes. Produção da série: Barney Reisz, Charlie Brooker, Annabel Jones. Ator na imagem: Benedict Wong. Londres: Produtora Endemol UK, 2016. 89 minutos, son., color.*
THE Birds. *Direção de Alfred Hitchcock. Los Angeles: Universal Pictures, 1963. Atriz na imagem: Tippi Hedren. 1 DVD (119 min.).*

Veem-se imensos enxames de abelhas dirigirem-se ao esconderijo. Por mais que as detetives procurem proteger Clara, as abelhas raqueadas terminam por penetrar em pequenas frestas e orifícios da casa, assim como no próprio corpo da moça, através de uma de suas narinas, provocando grandes espasmos e, finalmente, a morte. As imagens das inquietantes *abelhas-drone*, embaladas por uma trilha sonora que sugere mistério, serão frequentes a partir desse momento, reforçando a tensão narrativa. O enxame de ADI perseguindo pessoas permite-nos uma breve alusão ao clássico filme de Alfred Hitchcock *Os Pássaros* (*The Birds*), de 1963. Vale a pena cotejarmos duas imagens: as abelhas em *Black Mirror* e os pássaros em Hitchcock.

A obra de Hitchcock, que assombra o inconsciente cultural há algumas décadas, remete ao tema da natureza ameaçadora diante dos frágeis artifícios da civilização. Sobre o filme, Hitchcock explicou em uma entrevista filmada:

> Basicamente, o que temos em *Os pássaros* é uma espécie de esboço do tema geral de que ninguém dá o devido valor à natureza. As pessoas em geral não davam maior importância aos pássaros, até que os pássaros, um dia, *se voltaram* contra elas! Os pássaros eram mortos a tiros, comidos, enfiados em gaiolas. Passaram por todos os tipos de sofrimento nas mãos dos humanos, e estava na hora de se voltarem contra eles. Não interfira indevidamente na natureza. (...) Quem sabe? É possível que no ano 3000 ou 4000 *todos* os animais já tenham assumido o poder! (HITCHCOCK, 1973 apud PAGLIA, 1999, p. 109, grifos da autora)

Os Pássaros é inspirado em um conto de Daphne Du Maurier escrito em 1952, que, por sua vez, pode ter-se inspirado nos bombardeios aéreos alemães no sul da Inglaterra durante a Segunda Guerra. A lembrança do conto de Du Maurier ocorreu a Hitchcock quando lhe chegou uma notícia acerca de um estranho ataque de aves na cidade de La Jolla, na Califórnia. Dentre as muitas leituras possíveis, corroborando a visão do próprio Hitchcock, *Os pássaros* pode ser visto como a revolta vingadora da natureza diante das tentativas (sempre incertas, sempre frágeis) da civilização humana. Conforme a ensaísta Camille Paglia, que dedicou um estudo ao filme, essa visão de natureza está mais próxima de Sade, Hobbes e Freud do que de Rousseau ou de Wordsworth. Paglia classifica a obra "na linha principal do romantismo britânico, descendente dos quadros de natureza viva e das sinistras *femmes fatales* de Coleridge" (PAGLIA, 1999, p. 7).

Embora natureza e cultura se imbriquem tanto nos pássaros aterrorizantes de Hitchcock quanto nas *abelhas-drone* de *Black Mirror*, há entre eles significativas diferenças. Na série, também britânica, os liames entre natureza e cultura se esfumaçam, quando as abelhas tecnológicas se tornam cruciais para a polinização das flores e, portanto, para a garantia do equilíbrio do ecossistema. As abelhas saem do controle: são desviadas de sua função polinizadora para se tornarem assassinas. Não porque sejam conduzidas por alguém (embora, como veremos a seguir, alguém tenha sido o idealizador de um plano para tal), mas em função de milhares de pequenos contágios reproduzidos exponencialmente pelos que espalharam injúrias na rede e que, assim, determinaram o alvo do dia. Nem o idealizador do plano de vingança nem os jogadores *online* podem prever quem será atacado. Como vimos, Hitchcock referiu-se à vingança da natureza como tema de seu filme. Ainda assim, a construção imagético-sonora do diretor cria aves estranhamente híbridas. Alguns pássaros foram feitos de *papier mâché* para algumas cenas, embora em sua maioria se trate de aves genuínas.

Para reforçar talvez o caráter da estranheza familiar (*Unheimliche*) do ataque das aves, Hitchcock "fazia questão de que fossem 'pássaros domésticos', e não 'abutres' ou aves de rapina" (PAGLIA, 1999, p. 19)[10].

Existe uma diferença crucial, no entanto, entre os animais de Hitchcock e os drones de *Odiados pela nação*: o modo como engendram coletividade. As aves do filme de 1963 produzem *bando*, aproximando-se da noção deleuziana de devir-animal. Por seu turno, as *abelhas-drone* zumbem como sonâmbulos contagiados por correntes de destruição. Por um lado, mecanismos de imitação de *abelhas-drone*; por outro, devir-pássaros. Deleuze e Guattari salientam que

Devir nunca é imitar. Quando Hitchcock faz o pássaro, ele não reproduz nenhum grito de pássaro, ele produz um

---

10. "Isso foi conseguido de maneira engenhosa. Uma equipe de cinegrafistas rodou 20 mil pés de filme durante mais de três dias no depósito de lixo de São Francisco, onde levantaram uma pilha destinada a atrair as gaivotas que para lá embicavam, se empoleiravam e comiam. Para obter a espetacular vista geral das gaivotas planando sobre a cidade de Bodega Bay em chamas, um operador se postou com a câmera no alto de um 'rochedo de 30 metros de altura' na ilha de Santa Cruz, ao largo de Santa Bárbara, enquanto peixes eram atirados às gaivotas que voavam no alto. Num artigo de 1968, Hitchcock descreveu como foi utilizado o processo do *rotoscope* ou *travelling-mate* para essa tomada, por meio do qual o mergulho de uma só gaivota foi fotograficamente invertido e multiplicado. Depois duas mulheres pintaram pacientemente as aves na película, quadro a quadro, de modo que uma cena que dura 15 segundos na tela levou três meses para ficar pronta" (PAGLIA, 1999, p. 20). Note-se que, à diferença da multiplicação tecnológica própria ao digital, a proliferação em *Os Pássaros* foi criada de forma artesanal na película.

som eletrônico como um campo de intensidades ou uma onda de vibrações, uma variação contínua, como uma terrível ameaça que sentimos em nós mesmos (DELEUZE; GUATTARI, 2008, p. 106).

O estranho familiar de *Os pássaros* evoca nossa própria multiplicidade de matilha:

> Dizemos que todo animal é antes um bando, uma matilha. Que ele tem seus modos de matilha, mais do que características, mesmo que caiba fazer distinções no interior desses modos. É esse o ponto em que o homem tem a ver com o animal. Não nos tornamos animal sem um fascínio pela matilha, pela multiplicidade. Fascínio do fora? Ou a multiplicidade que nos fascina já está em relação com uma multiplicidade que habita dentro de nós? (DELEUZE; GUATTARI, 2008, p. 20).

À diferença dessas multiplicidades constituidoras de matilhas provisórias, as *abelhas-drone* de *Black Mirror* sugerem um sonambulismo difuso, certa tendência a formar rebanhos cegos à espera de uma direção, prontos para serem guiados segundo interesses que não necessariamente lhes concernem. Ressentimento e rebanho se co-pertencem, se autoproduzem e regulam, enquanto matilha e devir são aberturas endereçadas a potências não-humanas.

Reatando a linha do enredo de *Odiados pela nação*: chega ao grande público a informação de que há uma vinculação direta entre a *hashtag* *#DeathTo* e as mortes da jornalista, do *rapper* e de Clara. Uma colagem de noticiários, programas de debates e vídeos do *YouTube* nos remete ao clichê midiático que constantemente estimula *polêmicas* vazias, falsos problemas que tendem a desaparecer em função do desgaste diário nas múltiplas telas.

Detenhamo-nos um pouco mais na vulgarização das ideias de polêmica e polarização. A suposição de que problemas complexos tenham *dois lados*, e não múltiplas perspectivas de análise possíveis, é um dos aspectos do esvaziamento da crítica nas sociedades midiáticas contemporâneas. A esse respeito, convém fazermos uma observação sobre o enfraquecimento da ideia de oposição, atualmente reduzida a *polarização*, tornada tão senso comum nas redes sociais e nos *media*. As chamadas polarizações muitas vezes contrapõem perspectivas radicalmente *diferentes*, e não necessariamente *opostas*. Em contraponto a essa visão simplista de oposição, o já citado Gabriel Tarde cunhou o conceito de *oposição*, entendendo-o como um poderoso instrumento de variação da vida. A fim de ultrapassar o tema midiático das polarizações e polêmicas, exploremos de modo sucinto o conceito singular (e denso) de *oposição* em Tarde.

Apesar de presentes em toda a sua obra (como nas noções de duelos lógicos, de crença e de desejo, por exemplo), as oposições são exaustivamente esmiuçadas no tratado *L'Opposition universelle: essai d'une théorie des contraires*, de 1897. Segundo Deleuze, "ninguém foi mais longe do que Gabriel Tarde numa classificação das oposições múltiplas, válida em qualquer domínio" (DELEUZE, 2006, p. 288). Tanto na esfera físico-química quanto nas esferas vital e social, as oposições seriam meios que a vida emprega para produzir variações. São dinâmicas, não devendo, portanto, ser entendidas como fins em si mesmas.

Assim como a identidade, a oposição é apenas um tipo especial de diferença, caracterizada por mínimas repetições que vão se modificando entre dois máximos. É preciso que se compreendam as oposições como resultados máximos de uma série de mínimas variações diferenciais. Não basta que dois termos sejam contrários para que sejam opostos. Para constituírem oposição, eles devem ser contrários nas seguintes condições: um termo deve se tornar o esgotamento das variações contrárias do outro termo, passando necessariamente por um estado de neutralidade. Citemos dois exemplos de searas diversas apresentados pelo próprio Tarde. No primeiro, pensemos um móvel que inicia um movimento e se detém após um determinado período de tempo, impulsionado por movimentos opostos: uma aceleração crescente no começo (positiva), uma aceleração neutra e, finalmente, uma aceleração decrescente (negativa), até a parada. Como nesse exemplo, a oposição só pode ser pensada como um caso singular de uma série diferencial. Outro exemplo: ao aprender uma lição, o aluno inicia o processo com uma determinada quantidade de crença (normalmente pequena), passa por um estágio neutro (a dúvida), chegando, então, a aumentar essa quantidade até alcançar a fé estável no conteúdo aprendido. Entre um extremo (o móvel que começa a acelerar, o início do processo de aprendizagem) e outro (a desaceleração do móvel, a fé na lição) há uma incomensurável variedade de micro-estágios, todos diferentes uns dos outros, e não menos importantes para a proliferação da vida.

A oposição para Tarde depende do estado de neutralidade (*état zéro*) para configurar-se como tal. O estado de neutralidade garante a oposição e, por ser processual, encontra-se intimamente ligado à temporalidade. Nesse estado, os dois extremos opostos estão integralmente presentes. Em uma oposição, vai-se de um extremo a outro, enquanto desfilam estados diferenciais em uma determinada duração, na qual o ponto neutro é o meio-termo dos dois. Cumpre não confundir qualquer heterogeneidade com uma oposição. Conforme explica Tarde,

dados dois termos variáveis, se um surge como o limite das variações acumuladas do outro em um certo sentido, e o outro como o limite destas mesmas variações acumuladas em sentido inverso, sem que se tenha atravessado um estado neutro para passar de um ao outro, esses dois termos são heterogêneos: eles não são opostos (TARDE, 1999, p. 61, nossa tradução).

Segundo essa perspectiva, as cores preto e branco, por exemplo, não formariam uma oposição, mas uma heterogeneidade especial. Não há estado neutro entre branco e preto, nem mesmo o cinza, como se poderia argumentar. Isso porque, para que haja estado de neutralidade, é necessário que os dois termos máximos da oposição coexistam por inteiro. Tal seria, como vimos no caso da dúvida, em que os opostos de afirmação e negação estão presentes em igual *quantidade*. No caso das cores, o cinza não é uma reunião de preto e branco em totalidade, mas uma terceira cor. No cinza, não se reconhece o preto nem o branco. No campo político, essa concepção tardeana deixa claro que, para se opor, é preciso que o outro habite virtualmente ambos os extremos, como forma de variação inversa. Logo, a oposição em Tarde garante a contrariedade sem apaziguá-la, mas também sem esgarçar o tecido social, tal como as polarizações estanques que frequentam o cenário político atual.

A oposição em Tarde não pode ser, portanto, reduzida à ideia banal de polarização, que supõe o empobrecimento das variações, então reduzidas apenas a dois blocos. Assim como o círculo é um caso singular da elipse, o binarismo das polarizações é um tipo especial de diferença em uma série de variações contrárias. A polarização não merece, assim, maior atenção do que a riqueza das microvariações infinitesimais. Podemos concluir que a ênfase nas polarizações efetuada pelos diversos meios de comunicação, da televisão à internet, tem funcionado como uma das mais eficazes formas de controle e dominação das variações da vida. Sem dúvida, essa redução de matizes diferenciais interessa a perspectivas fascistas, que se recusam a variar em direção a um outro sempre negado que pretendem aniquilar.

Desse modo, o episódio *Odiados pela nação* permite pensar tanto os contágios de violência *online* quanto a lógica polarizada que tem regulado tais *manifestações*. Conforme temos sugerido, mais do que *ódio*, o cerne da questão envolve o insidioso mecanismo de produção de ressentimento, ligado à vingança moralizante, presente nas relações de sociabilidade contemporâneas. Os meandros do ressentimento expressam-se tanto na difusão dos comentários pelas redes sociais como nas supostas *correções* a essas ações. Neste ponto, cabe enriquecer a potente visada filosófica proposta por Gabriel Tarde, remetendo à filosofia de Nietzsche, que evidenciou as traiçoeiras astúcias engendradas pela perspectiva do ressentimento. Como se pode observar, temos recorrido, ao longo do capítulo, a dois pensadores do final do século XIX — Tarde e Nietzsche — a fim de aprofundar questões levantadas pelo episódio, ligadas ao presente. Na esteira do trecho de Agamben já citado, consideramos que pensadores do final do século XIX podem de fato nos auxiliar a vislumbrar com maior nitidez as trevas de nosso tempo.

Com efeito, a viralização da negatividade não é suficiente para explicar o que se tem chamado de *cultura de ódio*. Conforme vimos em Tarde, o que se contagia são crenças e desejos que, como *quantidades*, crescem e decrescem, formando massas de agressividade. Mas, para isso, é preciso que haja um solo fértil para essa floração sinistra. Tal solo foi identificado por Nietzsche, de modo preciso e contundente, como o do *ressentimento*, a grande doença da civilização judaico-cristã e, mais amplamente, ocidental. O filósofo operou uma análise aguda de seus modos sinuosos (nem sempre evidentes) de expressão e de atuação, mesmo em um horizonte como o nosso de esgarçamento ou de corrosão de crenças em valores morais, metafísicos. Nesse sentido, a genealogia dos valores desenvolvida por ele concerne a seu momento histórico, lançando ao mesmo tempo suas setas para o nosso.

Tomemos um atalho produtivo: a investigação nietzschiana acerca da perspectiva do ressentimento, tal como desdobrada no parágrafo 13 da primeira dissertação da *Genealogia da moral* (NIETZSCHE, 1998). Nesse texto, Nietzsche recorre a uma breve parábola — gênero tradicionalmente ligado à palavra evangelizadora e às lições morais — na qual se expressam duas perspectivas: a do cordeiro e a da ave de rapina.

Nesse texto polifônico, o filósofo desmonta as estratégias do ressentimento, inventor de valores morais. Eis o que o cordeiro diz a seus congêneres: "essas aves de rapina são más; e quem for o menos possível ave de rapina, ou antes o seu oposto, cordeiro — este não deveria ser bom?"[11].

Conforme evidenciado por Gilles Deleuze (DELEUZE, 2007, p. 140–142), esses cordeiros põem em funcionamento um jogo dialético a fim de erigir simulacros de afirmação de si como *bons*, a partir de uma operação de dupla negação. Para isso, começam marcando o outro (a ave de rapina, generalizada) como mau. A partir da negação do outro, extraem por meio de duas reduções lógicas ("quem for o menos possível ave de rapina, ou antes o seu oposto, cordeiro") a conclusão do paralogismo. Seu desfecho se apresenta, de modo significativo, como uma pergunta dirigida aos demais membros do rebanho: "este não deveria ser bom?". A cordeirice ressentida necessita do aval dos outros. Constitui rebanhos, e não matilhas, pois deles necessita.

Observe-se a genialidade falseadora presente na operação intermediária, que consiste em deslizar, sutilmente, da comparação ("quem for o menos possí-

---

11. Adotamos aqui, em geral, a tradução da *Genealogia da moral* realizada por Paulo César de Souza, cotejando-a com o original e alterando-a parcialmente. Com relação à personagem do cordeiro, observamos que se trata da tradução exata da palavra alemã constante do original: *Lamm*.

vel ave de rapina") para a violência de um regime de oposição polarizada ("ou antes o seu oposto, cordeiro"). Não se trata, nesse caso, de uma simples progressão, mas de um salto astuto, uma vez que a polarização assim obtida secreta o solo comum, supostamente neutro, necessário à invenção de valores morais dicotômicos, universalmente aplicáveis. Por meio desse estratagema lógico, o cordeiro estabelece de imediato uma pretensa igualdade de natureza entre ele e a ave de rapina. Nivela portanto espécies incomparáveis, seres que não possuiriam, em princípio, parâmetros de comparação. Dessa forma, coloca em um mesmo plano duas perspectivas distintas, transformadas então em *antagônicas*, introduzindo por sob ambas a ficção de um substrato comum, neutro, e além disso, dotado de livre arbítrio. Portanto, moralmente imputável. Eis como o ressentimento engendra a polarização radical entre *bons* e *maus*.

Esse regime de oposição no qual a alteridade (a ave de rapina) é inserida constitui a estratégia mais eficaz de negação de seu caráter irredutível, produzindo uma relação de equivalência que traga o *outro* para o interior da lógica do *mesmo*. Conforme enfatizou Deleuze (DELEUZE, 2007), esse cordeiro silogístico, expressão emblemática do modo de operação do ressentimento, inventa desse modo a ficção do sujeito como uma força neutra, separada de suas manifestações. Dessa força assim autonomizada irá se exigir que responda pelo que supostamente *escolheu* ser. A nivelação das diferenças é, assim, o pressuposto da imputação moral. Eis, em suma, o que se encontra em jogo na operação ardilosa, racional, aparentemente inofensiva, própria à negatividade: a instauração de um jogo dual no qual a alteridade, a diferença, é de saída domesticada, neutralizada, reconduzida à categoria do *mesmo*, na figura do *oposto* ou do *contrário*. Nessa operação ancorada em articulações lógicas, o que era pura diferença se transforma em oposto do cordeiro, e este passa, consequentemente, a funcionar como referência comum, universal. Simultaneamente, por efeito da mesma operação, o outro (ave de rapina) se torna condenável por ser aquilo que... é.

Nessa passagem, Nietzsche enfatiza de que modo a negatividade, expressão do ressentimento, tornou-se criadora, e criadora de valores, na tradição cultural do ocidente. Na sequência, o filósofo mostra que a ficção dos valores morais e o julgamento dela derivado necessitam se apoiar na crença em um sujeito substancializado e neutro, passível de ser julgado (ou louvado) simplesmente *pelo que é*. A valoração moral gera, portanto, uma relação destruidora da alteridade, na medida em que a insere em um jogo de oposições simétricas e bipolares, regido pela negatividade. Esse meio hegemônico de erigir valores e de produzir modelos de identidade não pode dispensar a ficção de um jogo dialético entre *nós* e os *outros*, tão presente em construções político-sociais e nitidamente expressa em redes de viralização de agressividade. Tanto os conceitos propostos por Tarde quanto a genealogia nietzschiana vão de encontro à perspectiva hegeliana, que incorpora a negatividade no jogo dialético.

No episódio de que nos ocupamos neste capítulo, o responsável pela concepção do jogo assassino toma para si a função de *corrigir* as falhas morais dos que viralizaram a *hashtag #DeathTo*, obrigando-os a pagarem pelas consequências de seus atos e palavras. Ao final, descobrimos que os verdadeiros alvos do *hacker* são os próprios participantes do jogo *online*, e que a jornalista, o *rapper* e Clara — as pessoas assassinadas até então — seriam apenas iscas para a *solução final* de todos os odiadores virtuais. Assistimos então a uma sombria sequência de cenas, em que as *abelhas-drone* invadem locais tais como a escola da professora que havia enviado o bolo ofensivo à jornalista assassinada logo no começo do episódio.

Como fundo musical, ouve-se a canção da cantora e compositora turco-alemã Alev Lenz denominada *Fall into me*. Trata-se de uma balada hipnótica cantada muito lentamente e cujo trecho da letra, presente no episódio, repete: "Siga-me / Vou te indicar o caminho / para sair dessa melancolia"[12]. Letra e música combinam-se às inquietantes imagens das *abelhas-drone*, teleguiadas por um ressentido vingador, em sua caçada aos sonâmbulos contagiados por crenças e desejos negativos. Instigante imagem de uma sociedade hipnotizada que, sem saber que sonha, produz pesadelos para si própria, amarrada a teias de sentido e a lógicas de funcionamento que ela mesma instituiu.

Se novamente evocarmos a perseguição das aves de *Os pássaros*, a comparação nos sugere que o ataque sintetizado nas imagens das *abelhas-drone*, sob o fundo sonoro sereno, hipnótico, apaziguador, é mais sedutor e insidioso do que facilmente identificável como opressor e violento, caso das aves hitchcokianas. Ao mesmo tempo, os enxames que mimetizam as ondas sonoras da canção são bem mais *unheimlich* (inquietante, estranho familiar), como se prometessem paz para sempre, e cura de toda melancolia. Ou seja: morte.

Odiados pela nação permite-nos, por conseguinte, refletir acerca da lógica de produção identitária e de expressão de afetos ressentidos tão violentamente disseminados na atualidade. O ressentimento dá forma e expressão a opiniões partilhadas que, em sua insistência e repetição, terminam por adquirir

---

[12]. Tradução livre de *Follow me / I'll show you the way / Out of this blue / Out of this blue.*

o peso de *verdades*. A esse respeito, cabe lembrar Oswald de Andrade que, no *Manifesto Antropófago*, cita a frase do Visconde de Cairu segundo a qual a verdade é a mentira muitas vezes repetida[13].

Formam-se assim novos rebanhos, que em geral precisam de pastores, clamam por guias, por novos condutores ou *Mitos* — em alemão, *Führer*. A referência à dissecação nietzschiana do *modus operandi* do ressentimento mostra, sobretudo, a carga social do negativo e suas artimanhas: invenção de oposições duais regidas pela negatividade, polarização de opiniões com peso de verdade. Assim como o próximo episódio a ser explorado, nada mais oportuno para se pensar e discutir no atual panorama político no Brasil e no mundo.

---

13. Cf. ANDRADE, Oswald de. *Manifesto Antropófago*. Disponível em: *https://bit.ly/35MaH2l*

O *idiota* acima de todos: *Momento Waldo* – ascensão do fanatismo e esvaziamento do político[*]

Momento Waldo (*The Waldo Moment*), último episódio da segunda temporada de *Black Mirror*, apresenta uma trama que nos permite investigar as novas e ominosas dobras do capitalismo no ocidente, em sua associação com o pensamento reacionário, bem como a ascensão política de personagens caricatas, paradoxalmente eleitas de modo democrático. A ação devastadora de forças reativas, liberadas juntamente com a atuação de tais figuras, opera no sentido de deslegitimar a própria política, fazendo do fanatismo uma espécie de bússola, na atualidade, para certos setores da gestão pública.

Exibido originalmente em 25 de fevereiro de 2013 pela rede de televisão britânica *Channel 4*, posteriormente disponibilizado em *streaming* pela *Netflix*, o episódio suscitou na imprensa comparações entre

---

[*]. Uma versão parcial, preliminar, deste capítulo foi publicada por ambos os autores do livro na Revista Eco-pós, v. 22, em 2019, com o título "O idiota acima de todos: *Momento Waldo*, fanatismo, espetáculo e esvaziamento do político".

um estúpido personagem de animação (Waldo), com sua postura antissistema, e candidatos populistas de viés autoritário que têm ascendido ao poder em regimes democráticos republicanos, tais como Estados Unidos e Brasil[1]

Quando parte do mundo recebeu, estupefata, a notícia de que Trump fora eleito presidente da maior potência capitalista das Américas, o *twitter* de *Black Mirror* postou, em 9 de Novembro de 2016, a seguinte mensagem: "Isto não é um episódio. Isto não é *marketing*. Isto é a realidade".

Para dimensionarmos o fenômeno que pretendemos investigar, retomemos de modo sucinto o enredo do episódio. À diferença de *Odiados pela nação*, *Momento Waldo* possui uma estrutura narrativa bastante simples, adequada ao aspecto estereotipado e simplista dos personagens que traz à tona, como que os mimetizando. Por essa razão, optamos por traçar apenas um resumo de sua trama para que examinemos os problemas que dela faremos emergir. Passemos a sua síntese.

O comediante James Salter (Daniel Rigby) cria o personagem Waldo, uma espécie de ursinho azul,

---

[1]. Por exemplo: CLETO, Murilo. "Como Black Mirror ajuda a entender o fenômeno Bolsonaro". *Revista Época Online*. 15 out. 2018. Disponível em: *https://glo.bo/2YU9DFZ*. Acesso em 10 de Abril de 2019. HAWKES, Rebecca. "Black Mirror's Charlie Brooker on predicting Donald Trump, and the Love story that 'terrified' him". *The Telegraph Online*. 20 fev. 2017. Disponível em: *https://bit.ly/31uc6sg*. Acesso em 10 de Abril de 2019.

na forma de desenho animado, que faz parte de um quadro de programa de televisão. Waldo entrevista políticos e os ridiculariza de modo pueril. Frequentemente lança mão de referências à cultura pop — bem ao gosto de um público de auditório — , utilizadas como contraponto irônico ao tom convencional e formal com que políticos se dirigiam tradicionalmente ao público. Essas referências pop funcionam como provocação ao comportamento de fachada que os políticos costumavam ostentar publicamente. Vejamos um exemplo. Quando Waldo indaga o ex-Ministro da Cultura, o conservador Liam Monroe (Tobias Menzies), a respeito de sua atividade como político, Monroe responde, previsível e convencionalmente, que se trata de alguém que tenta "tornar o mundo um lugar mais justo". Ao que Waldo replica com escárnio: "Como Batman?". Ligeiramente constrangido, mas com boa fé, ainda mantendo sua imagem, o político afirma que não age exatamente como Batman. Waldo pergunta então se ele também bate em pessoas. Diante da resposta negativa de Monroe, o urso animado passa ao ataque: "então você é um frouxo [*pussy*]!"[2]. A plateia se diverte com a quebra do protocolo. Monroe tenta se explicar, mas é interrompido por Waldo, que explora de modo mais explícito o duplo sentido da palavra empregada: "Você não sabe

---

2. A palavra "*pussy*" é de cunho mais chulo do que nosso "frouxo".

Figura 10: Waldo expressa autenticidade
THE Waldo Moment *(Temporada 2, ep. 3). Black Mirror [Seriado]. Direção do episódio: Bryn Higgins. Produção da série: Barney Reisz, Charlie Brooker, Annabel Jones. Londres: Produtora Endemol* UK, *2013. 44 minutos, son., color.*

o que isso significa?"[3]. O ex-ministro então se aborrece, perde a pose e recebe, como resposta, mais uma provocação de Waldo, para regozijo do auditório.

Após o programa com Monroe ter ido ao ar, em uma festa da emissora, executivos do canal comentam que o político deu entrada em uma reclamação formal a respeito do caso. O que poderia ser considerado um problema — a reclamação do político — foi encarado como positivo por parte dos executivos, uma vez que a atitude de Monroe mobilizaria a mídia, apontando ainda mais os holofotes para Waldo. Na lógica própria aos produtos midiáticos de ocu-

---

3. "*You don't know what pussy is?*". Waldo se aproveita, evidentemente, do duplo sentido da palavra *pussy*, que além da significação pejorativa de *covarde*, *tímido* ou mais propriamente *frouxo*, também pode referir-se ao órgão sexual feminino.

pação do tempo e da visibilidade, a captura de uma atenção bastante fragmentada e dispersa é evidentemente moeda sonante.

Cabe observar que certas estratégias políticas contemporâneas têm operado a partir de constantes mobilizações dos meios de comunicação em torno de temáticas não necessariamente republicanas. Os atuais mandatários norte-americano e brasileiro são notáveis empreendedores de tais práticas. Faz parte do jogo para manter-se em evidência a apropriação da esfera da visibilidade pelo maior tempo possível, criando quase diariamente factoides. A enxurrada diária de factoides, afirmações grosseiras e, em especial, de decisões políticas de viés autoritário tem certamente por efeito produzir um estado de anestesia, uma vez que tal excesso tende a reduzir o impacto que cada um deles produziria, caso houvesse tempo para repercutir isoladamente. Enquanto essas táticas de ocupação do tempo tomam a cena, deixam de ser debatidas, por exemplo, graves e urgentes questões sociais, conforme testemunhamos no caso da pandemia de covid-19 iniciada em 2020. Trata-se de uma estratégia de pautar os debates midiáticos pela incitação permanente de polêmicas que *divertem*. Etimologicamente, *di-vertir* é virar para o lado, desviar os fluxos para outra direção.

De volta ao episódio, descobrimos que, com o sucesso de Waldo, a emissora propõe a Jamie a criação de um programa exclusivo para o personagem. Em uma reunião de pauta para o novo *show*, chega a notícia de que o ex-ministro Liam Monroe concorreria às eleições da cidade de Stentonford. Surge a ideia de perseguir o candidato com uma van em que se acoplou um telão na parte externa. Manipulada por Jamie a partir de dentro do veículo, a animação Waldo persegue o político e o ataca sem dar trégua. Por conta do sucesso de mais esse espetáculo, agora fora de estúdios, o produtor do programa dá um passo além nessa ideia, sugerindo que Waldo se inscreva como candidato para concorrer às mesmas eleições que Monroe disputava. Jamie é um homem mediano (ou mesmo medíocre) que, por trás de Waldo, secreta seu ressentimento sob a forma de xingamentos, achincalhes, deboches.

Ao longo do episódio, o ressentimento de Jamie se intensifica e assume uma forma mais destrutiva e venenosa. Através de Waldo, o comediante dispara xingamentos para todos os candidatos, conquistando o apoio da população por seu caráter *autêntico* e por sua capacidade de supostamente desvelar a ineficácia e corrupção do *sistema*. Com a ascensão de Waldo nas pesquisas eleitorais, um representante de Washington ligado a uma *agência* (não especificada no episódio) sugere que o *modelo Waldo* seja exportado para outros países. Considera o urso de animação, no fim das contas, o "representante político perfeito", pelo fato de ele conseguir atrair e mobilizar divertidamente um público desencantado com o jogo político. Embora o personagem tivesse adquirido popularidade por se dizer *contra políticos*, seu carisma permitiria que disseminasse qualquer conteúdo de viés político. O misterioso representante da agência sustenta que Waldo é o "produto político de entretenimento global que as pessoas querem". Chega a afirmar, profeticamente, que o modelo Waldo poderia ter boas oportunidades na América Latina.

Como se pode notar, o enredo é tão raso quanto sua temática. Por isso mesmo e por sua atualidade, convida à reflexão. Em primeiro lugar, tratemos da perigosa ascensão de políticos supostamente *antissistema*, figuras histriônicas, orgulhosas de sua ignorância, *sinceridade* e falta de decoro. Tais características são veiculadas como signos de *autenticidade*, em uma já avançada sociedade do espetáculo[4], na qual todas as relações passam a ser mediadas por imagens. Nesse caso, espetáculo também do entretenimento descompromissado, não propositivo, visando sobretudo a demolir o seu alvo, divertindo um público enfastiado e desiludido. Esse tipo de imagem é sem dúvida favorecido pela disseminação de formas de comunicação triviais, imediatas e curtas, como em redes sociais e, especialmente, na brevidade dos

---

4. Conceito argutamente criado por Guy Debord, nos anos 1960. Cf. DEBORD, 2000.

tweets. Observe-se que o mero caráter sintético não determina o aspecto tosco nas comunicações. Lembremos, por exemplo, o rigor, a densidade e a intensa beleza de breves poemas, tais como os de Emily Dickinson e os haikais. Já os atuais *tweets*, favorecidos por sua difusão imediata, conformam-se plenamente ao ambiente de corrosão do debate de ideias.

De modo mais insidioso e preocupante, a ascensão de Waldos contribui para minar não apenas o modelo democrático como também as próprias bases da política. Contudo, para que um novo estado de coisas se organize, não basta a atuação macropolítica de tais forças. É especialmente na esfera micropolítica que se produzem abalos mais significativos. Suely Rolnik sintetizou o *modus operandi* fundamental de atuação do regime colonial-capitalístico nesse sentido, desde sua fundação no século XV:

> A estratégia micropolítica do poder colonial-capitalístico consiste em investir na produção de uma certa política de subjetivação, medula do regime nessa esfera. Tal política tem como elemento fundamental o abuso da vida enquanto força de criação e transmutação, força na qual reside seu destino ético e a condição para sua continuidade. Isso inclui a potência vital em todas as suas manifestações e não só nos humanos — sendo que nos humanos o abuso não se restringe à sua manifestação como força de trabalho, como se pensava no marxismo (ROLNIK, 2018, p. 163).

A partir de uma série de estratégias de ordens distintas, a força de criação como ação política tem sido estrangulada em diversos países como, por exemplo, Brasil, Estados Unidos, Inglaterra, Hungria, Ucrânia (e essa lista parece a cada dia se alongar). Tentando sair do círculo vicioso em que fenômenos toscos terminam por suscitar reações pouco sutis, consideremos um aspecto menos evidente da questão. Destaquemos aqui um deles: o sequestro diário e persistente da potência da palavra, sua substituição pelo regime discursivo do fanatismo que aquece e canaliza perigosos afetos. Para apresentar de forma mais direta esse ponto específico, mencionemos brevemente a observação de Agamben (2011) acerca dos diferentes modos de experiência com a palavra.

Segundo o filósofo, haveria em nossa cultura duas modalidades de experiência com a palavra. A que nos interessa mais de perto aqui é a que Agamben chama, inspirado por Foucault, de *veridição* (*veridizione*). Neste caso, a experiência com a palavra depende explicitamente do envolvimento do falante, que precisa pôr-se em jogo de modo interpretativo e, portanto, com abertura para a criação[5]. Trata-se, em geral, da maneira como acreditamos, esperamos

---

[5]. Essa perspectiva funciona em um sentido diverso do que está implicado em versões vulgarizadas da noção de *lugar de fala* (em que pese sua relevância em atuais disputas no campo social), na medida em que não pressupõe um *lugar* fixo em que se situaria uma identidade previamente dada, ou performativamente encenada. Em nossa abordagem, o sujeito, sempre provisório, emerge de seus jogos interpretativos, questionando-se inclusive acerca do que enuncia. Nessa perspectiva, o próprio *lugar* não é condição prévia, mas *criação* contínua e simultânea.

e amamos, mas também das esferas da oração, do mando e da invocação. O que mais caracteriza essa modalidade de experiência com a palavra é que a ação ética implica "pôr-se em jogo com aquilo que se pensa, se diz e se crê" (AGAMBEN, 2011).

A partir de uma inspiração nietzschiana (embora esta não seja mencionada de modo explícito), Agamben questiona a necessidade de submeter a ética à busca pelo fundamento, a uma interrogação sobre o conhecimento. Tal seria a procura por um *fundamento* dos valores, o que asfixiaria a potência da palavra em sua experiência de *veridizione*, de pôr-se em jogo interpretativo e junto àquilo que diz. As práticas discursivas de Waldos e seus asseclas dispensam, portanto, a experiência ética com a palavra (imprescindível à política), para afirmar categoricamente (mas também às vezes cinicamente negar a seguir) asserções simplificadoras de cunho dogmático. Essa estratégia, como vimos no capítulo anterior, se dissemina em redes sociais, solidificando-se na violência das *manifestações*. Nesse contexto, não por acaso, todas as práticas que extraem sua força da argumentação e da criação — da política à filosofia e às artes —, passam a ser desqualificadas e, sobretudo, atacadas.

Essa problemática relaciona-se ao tema do fanatismo, tal como explorado pelo escritor Amós Oz. Israelense e pacifista, Amós Oz afirma que o fanático é movido pelo desejo de *forçar* outras pessoas a mudarem (OZ, 2016). E, quando isso não dá certo, as destruírem. Nesse caso, estamos radicalmente distantes do terreno das oposições tardeanas, nas quais as contrariedades supõem infinitas variações, inviabilizando a dicotomização[6]. Segundo Amós Oz, "de um modo ou de outro, o fanático está mais interessado em você do que nele mesmo, pela razão muito simples de que o fanático tem muito pouco de 'ele mesmo' ou nenhum 'ele mesmo'" (OZ, 2016). Colado a suas crenças, dissolve-se no rebanho e isenta-se daquilo que Hannah Arendt ressaltou como a tarefa imprescindível para a produção da ética e da política: não se submeter a clichês, não ser falado por clichês. Em síntese: tomar para si a responsabilidade e a tarefa de tornar-se autor em sua própria língua.

No capítulo "Arendt: avoir sa langue pour patrie", do livro *La Nostalgie*, Barbara Cassin ressalta os vínculos entre ética, política e língua/linguagem, tal como foram explorados por Hannah Arendt relativamente ao caso Eichmann e ao tema da banalidade do mal (CASSIN, 2013, p. 85–132). Barbara Cassin sintetiza:

De fato, é porque temos uma responsabilidade em relação às palavras que empregamos, uma responsabilidade de autor, e não de receptor ou de transmissor comunicante, que a língua é, também ela, coisa política. Toda a percepção arendtiana da língua se enraíza na definição aristotélica

---

6. Cf. Capítulo anterior deste livro.

do homem como [...] animal dotado de linguagem, "mais político do que os outros animais" justamente por ser dotado de linguagem (CASSIN, 2013, p. 99, nossa tradução).

Regido pela lógica do ressentimento, o fanático aferra-se a clichês, furta-se a sua responsabilidade como falante, limita-se a repetir, a *compartilhar*. A repetição de clichês alcança nas redes sociais um grau exponencial: mensagens disparadas por robôs multiplicadores passam a ser disseminadas por sujeitos esvaziados da função ético-política. Temos, assim, um cenário de repetidores de repetições que surpreenderia a própria Hannah Arendt. Exponencializa-se, assim, a banalidade do mal. O repetidor de clichês volta sua sanha agressiva contra o outro, compensando, dessa forma, sua existência esquálida, desprovida de forças vitais criadoras. Ainda na esteira de Amós Oz sobre os fanáticos, "é muito comum que prefiram sentir a pensar" (OZ, 2016). Com efeito, podemos observar que fanáticos que chegaram ao poder nos últimos anos insistem em repetir simplificações delirantes. Waldos preferem apelos *emocionais*, manifestos na afirmação de frases de efeito, em detrimento do pensamento e da verificação factual. De um modo cínico, procuram desconhecer qualquer evidência, sob a chave da "disputa de narrativas", rebaixando o perspectivismo (em suas implicações necessariamente éticas) a um sórdido relativismo niilista.

Significativamente, no cenário pandêmico atual, assistimos ao embate entre as certezas e soluções rápidas dos fanáticos e a necessidade científica, diante de um caso totalmente novo, de pesquisar, duvidar, oferecendo por ora apenas verdades probabilísticas e provisórias. Em geral, Waldos relativizam ou negam *fatos* histórica e testemunhalmente confirmados. Ao fazê-lo, tanto entram em confronto com os saberes científicos quanto procuram inviabilizar a existência de múltiplas perspectivas, não se colocando como uma dentre elas e furtando-se, consequentemente, ao debate. Ainda aqui, posicionando-se no lugar central e único d*a verdade.*

Grosso modo, arriscaríamos afirmar que Waldos não ganham notoriedade porque haveria *menos verdade* do que antes, mas justamente porque aderem única e exclusivamente ao regime de uma verdade dogmática, sem deixarem espaço para a *veridição,* outra experiência com a palavra. Nesse sentido, o problema não parece apenas residir na produção e disseminação de *fake news,* mas sobretudo na violência desse tipo de *verdade.* Verdade dogmática é o que nunca se posiciona como perspectiva e prescinde de argumentação, esquivando-se portanto de ser discutida, contraposta; em suma, de ser avaliada. Lembremos, mais uma vez, a visada nietzschiana: o esvaziamento do lugar da verdade, a corrosão do dogmatismo não implicam um vale tudo, um relativismo banal, a ausência da valoração. Ao contrário, supor uma multiplicidade de perspectivas torna incontornável a necessidade de se avaliarem constantemente as forças que nelas se exprimem, assim como os efeitos que podem gerar na vida da terra e das populações.

Waldos alimentam-se do niilismo radicalizado que assola as sociedades contemporâneas. Só podem manter-se em evidência a partir de uma desqualificação programática da ação política. Seus ataques a adversários visam a alimentar o descrédito de todo o sistema democrático, descrédito do qual necessitam para sobreviver, crescer e confiscar o espaço político, chegando a acusar de ditatorial o exercício de poderes republicanos. O dedo apontado em riste, dirigido ao outro acusado (como corrupto ou suposto *marxista cultural*), captura a atenção, direciona o foco para o outro, investindo-se da aura de inocência e lisura. Além disso, operam na corrosão do sentido das palavras, tais como o de *ditadura*, *liberdade*, *direitos humanos* etc. *Julgam-se* as instituições republicanas e seu funcionamento. Sugere-se que todos os grupos políticos são equivalentes, por conta de sua adesão ao modelo das democracias liberais, que Waldos consideram *falido*. Aliás, a eliminação de nuances inere ao dogmatismo que dela se alimenta. Supõe-se que, independentemente de suas convicções, os políticos acabariam corrompidos pelo sistema, em sua dependência do apoio dos partidos atuantes no poder legislativo e das balizas constitucionais teoricamente garantidas pelo poder judiciário.

Não causa espanto a admiração dos novos Waldos por regimes autoritários do passado e do presente, como a ditadura militar brasileira (objeto de um assustador *revisionismo* contemporâneo, ou melhor, *negacionismo*[7]) e o regime neofascista ucraniano. Evocam, como bons magnetizadores[8], o contato

---

7. Inspiramo-nos aqui nas argumentações acerca do *revisionismo* historiográfico desenvolvidas por Pierre Vidal-Naquet no livro *Les assassins de la mémoire*. Vidal-Naquet desmonta a falaciosa pretensão do *revisionismo* (no caso, a negação da existência mesma de campos de concentração e extermínio no Terceiro Reich), cuja tática era a de desqualificar e negar sistematicamente qualquer documento ou testemunho. De fato, não se trata nesse caso de uma *revisão* da história, mas de sua *negação*, que tem por efeito assassinar mais uma vez os que foram exterminados, na medida em que golpeia e destrói a memória de tais acontecimentos. (VIDAL-NAQUET, 2012).
8. Convocamos aqui novamente Gabriel Tarde (2001). Como vimos, inspirado pelas ciências de seu tempo, Tarde parte dos estudos de magnetismo e hipnose para descrever-nos a todos como sonâmbulos em intenso estado de constante sugestibilidade. Para Tarde, a movimentação de fluxos imitativos de crenças e desejos nas sociedades dependerá de certos arranjos de forças (sempre provisórios) que se dão em alguns indivíduos. Por isso, organiza uma espécie de tipologia social. Em relação a determinado tema social, haveria: os *magnetizadores*, homens e mulheres capazes de concentrar, por um lado, uma imensa quantidade de crenças e desejos e, por outro, hábeis em comunicá-los aos outros por sugestão; os *sonâmbulos*, ou *imitadores*, que comportariam aqueles que, sobre certa temática, apresentam compostos de crenças e desejos dispersos, porém potencialmente adaptáveis; e, finalmente, os *loucos* ou *inventores*, indivíduos que reelaboram as correntes imitativas, a partir do contato com suas nuances diferenciadoras, abrindo caminho para as forças ativas que fazem a vida cum-

direto com os eleitores, *sem mediações institucionais* e, por conseguinte, sem risco de se contaminar com a *corrupção*. Em busca desse contato direto com a base, apelos a factoides em geral chulos, diariamente veiculados pelas redes sociais, reforçam sua autodeclarada *autenticidade, verdade* e *honestidade*. Enfatizemos, mais uma vez, os vínculos entre crença na *autenticidade*, imediatez da comunicação, descarte do decoro (como as chacotas do Waldo do episódio com relação a políticos) e a deflação do ficcional em geral presente em performances nas redes sociais.[9]

Os traços acima apontados confluem para a ascensão política da figura do *idiota*. A fim de ampliar essa temática, acionaremos duas abordagens diferentes. Primeiramente, de que modo ela foi propalada em propagandas e imagens, o que exprime sua

---

prir sua meta de infinita criatividade e potente diferenciação. É importante destacar que magnetizadores, imitadores e inventores somos todos nós. Convivem em nós todos esses *tipos*, em arranjos de forças que se darão a depender de circunstâncias contingentes que as intensifiquem ou enfraqueçam. Não se trata, portanto, de *pessoas*.

9. Performances típicas de *blogs*, canais do *YouTube* etc, dissimulam seus protocolos narrativos ficcionais para se fazerem passar por *autênticas*. A esse respeito, ver FERRAZ, 2015, "Do espelho machadiano aos ciberespelhos", capítulo 8 do livro *Ruminações: cultura letrada e dispersão hiperconectada*. Ver também Paula Sibilia, "'Madame Bovary sou eu: A ficção acuada sob a ilusão da transparência, da correção política e da autenticidade", trabalho apresentado no XXVII Encontro Anual da Associação Nacional de Programas de Pós-Graduação em Comunicação (Compós), PUC-MG, Belo Horizonte, em junho de 2018. Disponível em: *https://bit.ly/2G2iMFJ*. Acesso em 04 de Junho 2019.

adequação a modelos comportamentais compatíveis com as novas voltas do capitalismo neoliberal. A seguir, a fim de destacar traços particulares da atualidade, ressaltaremos algumas alterações históricas que marcaram o sentido de *idiota* na cultura ocidental. Sobre o primeiro ponto, lembremos que, no início da década de 2010, a marca de moda *Diesel* lançou uma campanha de imediato sucesso mundial, elaborada pela agência londrina *Anomaly*, que difundia o alegre e jovial lema *Be stupid*. Comportamentos e poses juvenis provocativas estampavam-se em coloridos cartazes espalhados por várias cidades do mundo, disseminando a mesma palavra de ordem. Uma consulta ao dicionário Webster esclarece que *stupid* remete a uma vasta gama de adjetivos, tais como *brainless* (algo como *desmiolado*), *idiotic* (*idiota*), *shallow* (*raso*), *imprudent* (*imprudente*), *laughable* (*risível*), *silly* (*tolo*), *moronic* (*debilóide*), e não às ideias de *brutal, incivil, grosseiro*, evocadas, conforme o dicionário Aurélio, por *estúpido*, sua versão direta em português. A expressão em inglês, praticamente intraduzível em seus múltiplos matizes, manteve-se em todos os países significativamente no original. Uma tradução mais aproximável seria *Seja idiota*, no sentido de *tolo, pouco inteligente*, conforme o dicionário Aurélio.

Em *outdoors* espalhados por diversas cidades do mundo, eram veiculadas cenas de gestos desmio-

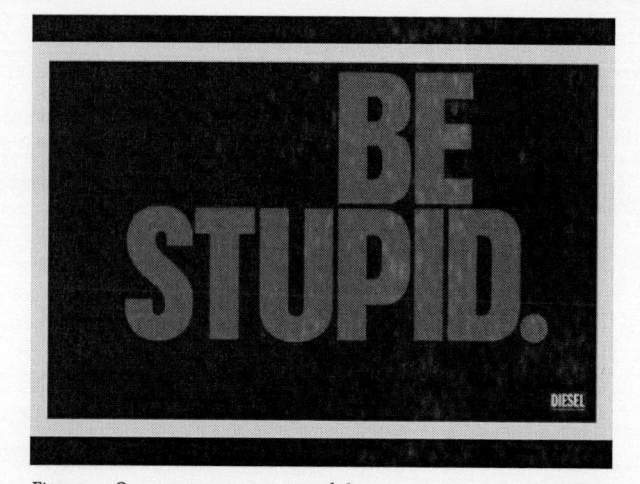

Figura 11: O que estamos nos tornando?
BE *Stupid – Campanha publicitária da marca Diesel. Direção: Arno. Produtora: Anomaly, 2010. 2min50seg. Disponível em:*
https://www.youtube.com/watch?v=pKYoVv3N9gI *Acesso em: 15 Junho de 2020.*

lados, imprudentes, idiotas. Jovens, em geral adolescentes, descompromissados com qualquer pudor, medo, vergonha ou culpa, experimentam *atitudes*, ousando o inusitado. No canto direito de cada imagem se inscrevia a assinatura da campanha publicitária: BE STUPID. DIESEL. A título de exemplo, descreveremos algumas dessas imagens. Uma delas mostra um elefante comodamente sentado sobre o peito de um jovem deitado na grama. Essa imagem *nonsense* é domesticada por sua decifração didática: *Stupid is trial and error. Mostly error.* (Idiota é tentativa e erro. Na maior parte das vezes, erro). Em outro car-

Figura 12: Adestramento da criação e desqualificação da crítica
ANOMALY [Agência publicitária]. Smart Critiques, Stupid Creates. 2010. 1 fotografia. 236 x 152. Disponível em:
https://br.pinterest.com/brotophe/diesel-be-stupid/ Acesso em: 15 Junho de 2020.

taz, um rapaz está com a cabeça entalada em uma lixeira urbana, com o corpo em posição oblíqua ao chão, posição que só é viável em desenhos animados: *Stupid might fail. Smart don't even try.* (Idiotas podem falhar. Espertos nem mesmo tentam). Outra cena: jovens usam o chão de uma rua como parede em que encostam cadeiras, sentando-se na horizontal, enquanto um homem caminha na mesma rua prosaicamente na vertical: *Smart critiques.* (colocado na vertical) *Stupid creates.* (na horizontal). Esperto critica. Idiota cria.

Em todas essas reluzentes imagens ultracoloridas, leves, juvenis e, em última instância, *smart*, os sentidos do *be stupid* vão se enriquecendo com diversas associações. Isso se vale muitas vezes de um contraponto ironicamente *crítico* (com perdão do termo pouco *stupid*) com relação a outra palavra de ordem concorrente: *Be smart*, seja esperto, lema identicamente cínico, mais ligado à cultura *yuppie* do final do século passado. Enquanto a esperteza se associava ao que Deleuze chamou de «alegrias do *marketing*» (DELEUZE, 1992, p. 226) e era identificável a uma geração de adultos jovens integrada a novas demandas empresariais por leveza, criatividade, flexibilidade, o novo slogan dirige-se a um público mais adolescente. No adjetivo desqualificado *smart*, a esperteza de jovens adultos bem-sucedidos no capitalismo neoliberal é acrescida de outros matizes, não mais ligados ao (já velho) mundo integrado *yuppie*, mas a um posicionamento abrangentemente crítico face ao mundo. *Smart* (esperto) passa a ser atrelado, mais amplamente, à crítica, ao *cérebro*, a noções tais como as de planejamento, cálculo e, por fim, a certa negação. Já *stupid* é um ser leve e juvenil adepto do erro, da criação, da ousadia moleca, do puro improviso, da asneira e, em suma, do *dizer sim*, da *afirmação*. Note-se a apropriação cínica da denúncia nietzschiana do niilismo e da temática da afirmação, também desenvolvida na filosofia de Nietzsche.

Para explorar outro aspecto, observemos que essa campanha pioneira da Diesel se apropria espertamente de uma longa tradição em torno da figura cultural, filosófica e literária do *idiota*[10], esvaziando toda a potência crítica de que ela se revestiu pelo menos desde a modernidade. Investiguemos outros sentidos de *idiota* que frequentaram a história ocidental. A palavra grega *idiotes* era um termo neutro, sem matiz pejorativo, referido originalmente ao homem privado, em contraposição ao homem da *polis*. Dizia respeito ao homem comum, que se ocupava de seus próprios negócios, e não das coisas da cidade. Na Grécia Antiga, remetia ao homem privado, em oposição ao homem de Estado. Em Platão, o termo se associa igualmente ao leigo, no sentido daquele que é alheio ao conhecimento. A palavra provém de *idios, próprio, privado*. Os romanos traduziram-na como *idiota*, mantendo um idêntico horizonte de sentido. Com exceção de muitos cínicos ou epicuristas, os filósofos de então em geral enfatizavam a responsabilidade política dos indivíduos, o que implicava certa desvalorização indireta do *idiota*, daquele que se ocupava tão somente de seus interesses privados. Não poderia portanto ter surgido na Antiguidade uma ética do idiota, uma vez que a ética estava imediatamente ligada à política, enquanto o que definia o idiota era exatamente sua absorção na

---

10. Uma boa síntese dessa tradição se encontra no dossiê dedicado a esse tema no Caderno IV/2, publicado no verão de 2010, da revista alemã *Zeitschrift für Ideengeschichte*, editada por Breckman, Klenner e von Rahden.

esfera privada. A figura do idiota mantinha-se, entretanto, em certa posição de neutralidade.

No cristianismo primitivo, essa posição neutra tende a se alterar. Eis, por exemplo, uma conhecida frase do evangelho de Mateus (5, 3): "bem-aventurados os pobres de espírito, pois deles é o reino dos céus". Já nos textos do apóstolo Paulo, o *idiotes*, em sua condição de leigo, de não conhecedor, chega a ser remetido à condição de um saber superior ao saber secular. Essa inversão não salva, entretanto, o termo *idiotes*, já que, na visão de Paulo, a sociedade romana é que seria composta por verdadeiros idiotas. Eis como se expressa sua denúncia: "Deus não transformou em loucura a sabedoria deste mundo?" (Carta aos Coríntios, I, 19). Foi com Francisco de Assis (1181–1226) que a renúncia às coisas terrenas, inclusive ao saber laico, passou a se valer de uma autodesignação como *idiota*. A ordem franciscana instituiu-se, significativamente, como uma ordem de *menores*. Ao longo de séculos, o franciscanismo se confrontou com a igreja oficial, comprometendo-se com os rigores da pobreza tanto material quanto intelectual.

De um modo geral, na Idade Média o *idiota* é antes de mais nada o *illiteratus*, termo latino para *iletrado*, designando o falante da língua secular, da língua do povo, e não do latim. Trata-se de um leigo no sentido da Igreja, que, quanto a ela, mantinha literalmente a ferro e fogo o monopólio da interpretação dos textos sagrados. Apresentar-se publicamente como *idiota* passou a equivaler a uma ameaça à ordem estabelecida e à autoridade dos teólogos medievais. Já o poeta latino Francesco Petrarca (1304-1374) associou-se ao elogio do idiota inaugurado por Francisco de Assis. Contra seus detratores, chegou mesmo a ligar a figura de Jesus, que não era cultivado, à do idiota. A partir de então, já no século xv, estabeleceu-se uma tensão crescente entre a opinião de autoridade da Igreja e o *idiota*, que procura extrair a verdade lendo diretamente o livro de Deus — a criação, o mundo. Assim, o saber ia se entrelaçando com o não saber, em uma recusa ao conhecimento instituído.

Na modernidade, quebra-se em definitivo esse liame entre o não saber do leigo e certa sabedoria, inviabilizando-se a integração do idiota à vida intelectual e social. Crescem a desconfiança e o medo com relação ao idiota. A ameaça à ordem por ele representada foi respondida com seu isolamento. Em meados do século xvii instalou-se o processo de encarceramento dos idiotas, aproximados, ainda que ao mesmo tempo diferenciados, dos insanos. Enquanto o idiota da Idade Média tardia era distinguido dos loucos, a contaminação entre idiotia e insanidade foi um fenômeno moderno. Já iam distantes os tempos em que Erasmo (1465-1536), por exemplo, logo no início do *Elogio da Loucura*, louvara sua própria estultície e sandice, graças às quais os homens poderiam ver a verdade sob novas cores e, assim, se transformarem.

Avancemos ainda mais em direção ao século XIX. Desde a invenção de asilos para loucos, na passagem do século XVIII ao XIX, antes mesmo da fundação moderna da Psiquiatria e da domesticação moral da insanidade, uma ressonância patologizante passou a recair sobre o termo *idiota*. Mas ainda no século XVIII iluminista, Denis Diderot (1713–1784) ressaltara, no verbete *idiota* da Enciclopédia, que "a diferença entre o *idiota* e o imbecil consiste, segundo me parece, no fato de que se nasce *idiota*, e que nos tornamos imbecis". Essa deliciosa ironia se esvazia totalmente no processo de patologização do idiota, em nome da mesma racionalidade, revestida agora de um tom grave, científico, pouco afeito à auto-ironia e a um riso salutar sobre si mesmo. A partir de então, o idiota passou a ser aquele que, desde o nascimento ou durante a infância, é acometido por uma doença que impede o desenvolvimento normal do cérebro, afetando sua memória, sua atenção e capacidade verbal, barrando sobretudo sua entrada na esfera da produção. Entretanto, à diferença do imbecil, o idiota poderia, senão ser curado, pelo menos melhorar, uma vez retirado da família e colocado sob competentes cuidados médicos.

A neutralização da figura potencialmente subversora do idiota foi implodida pela obra seminal de Dostoiévski (1821–1881), com a publicação em 1868/69 do romance *O Idiota*. Na figura do príncipe Míchkin, o idiota já não se identifica meramente a um fraco de espírito patologicamente entendido, mas é tratado como a reencarnação terrestre da pureza e da inocência, sofredora de epilepsia, inapta para gestos de defesa e, sobretudo, de maldade. O idiota Míchkin assinala a pobreza do mundo circundante, cada vez mais girando em torno das tiranias do *eu*. Nesse livro, o recuo para a singularidade e a distância em relação aos valores reinantes implicam a denúncia filosófica e política de um mundo em ruínas. O homem *privado* adota a máscara da singularidade, da excepcionalidade, dando a ver a despolitização inerente a uma sociedade cada vez mais distante dos interesses da própria *polis*. A valorização do personagem *idiota* acentua a degradação e a hipocrisia do mundo social. Na esteira de Dostoiévski, o idiota marca definitivamente o pensamento de filósofos como Nietzsche, Sartre[11] e Deleuze, alcançando, revigorado, nossos dias.

Em Nietzsche, cuja filosofia se alia à figura do bufão (FERRAZ, 2017), encontra-se uma diferença radical entre dois tipos de *dizer sim*. Em sua denúncia

---

11. Veja-se o título de seu livro monumental sobre Flaubert: *L'Idiot de la famille*, *O idiota da família*.

das diversas máscaras da negatividade e do niilismo em nossa cultura, o filósofo tem o cuidado estratégico de distinguir (antecipando-se curiosamente a nosso tempo) a tola afirmação própria ao asno imitativo (que apenas repete *sim*, em alemão : *Ja, ja* [lê-se *ia-ia*]) da afirmação trágica relativamente ao caráter enigmático e problemático da existência, que requer necessariamente a invenção de sentidos e a avaliação de valores.

Já em Deleuze o idiota associa-se a uma verdadeira paixão pela passividade que vai de encontro ao aspecto multiatarefado e hiperprodutivista de nossos tempos. Emerge, assim, uma verdadeira política do idiota, como no caso exemplar do personagem *Bartleby, o escriturário*[12]. É dessa linhagem crítica que a campanha publicitária *Be stupid* se apropria, desarmando seu potencial subversor, reduzido a asneiras juvenis, desprovidas tanto de responsabilidade quanto de qualquer comprometimento transformador. As molecagens adolescentes exploradas pela campanha da Diesel tornam-se uma espécie de novo modelo. Nada inocente. Valorizando um tipo de comportamento que espetaculariza o ridículo, ecoam tanto em redes sociais quanto em novos tipos de políticos Waldo. A *esperta* campanha Diesel flagrou e consolidou a projeção desse tipo de *idiota*.

---

12. No terceiro capítulo do livro *Ruminações*, Maria Cristina Ferraz analisa esse livro de Melville (FERRAZ, 2015, p. 47–59).

Não lembraríamos essa peça publicitária — o que, de modo perverso, não deixa de corroborar o acerto e sucesso da campanha — caso esse lema não expressasse um movimento contracrítico que vai se tornando pregnante na vida política e minando as forças da vida. Mesmo no âmbito da vida acadêmica, desenvolver perspectivas politizadas e críticas soa por vezes hoje como um ranço moderno (demasiado moderno), como um gesto nostálgico, bem pouco *up-to-date*. Cabe então apontar e desfazer falsas oposições e alternativas, como por exemplo, as que a marca Diesel destacou, entre *smart* e *stupid*. O problema torna-se mais urgente, na medida em que, já no limiar da década de 2020, Waldos têm conquistado posições políticas relevantes. Com consequências desastrosas na atualidade.

Amor, morte e memória: o tedioso paraíso *high tech* de *San Junipero*

San Junipero, quarto episódio da terceira temporada de *Black Mirror*, foi escrito por Charlie Brooker (o criador da série) e dirigido por Owen Harris. Apresenta-nos a trama de um encontro amoroso de duas mulheres, tendo como pano de fundo um agridoce cenário pop nostálgico. Ingenuamente celebrado por parte da imprensa como o único episódio otimista da série, suscita de fato questões relevantes acerca das relações entre tecnologias e o problema da finitude humana. De forma mais ampla, permite discutir ainda a tendência contemporânea para a reconfiguração da memória reduzida, por um lado, a dados informacionais e, por outro, transmutada em objeto de consumo, esvaziando, assim, sua potência existencial e política.

Título do episódio, *San Junipero* é também o nome da região virtual (muito semelhante à Califórnia, nos EUA) em que se passa a trama. Inicialmente, o episódio oferece certas pistas de que é ambientado em 1987, mas vai aos poucos revelando que San Junipero é um dispositivo de realidade virtual que possibilita, dentre outras coisas, viagens no tempo em ambientes de simulação. O nome remete ao Frei Junípero Serra, santo católico cuja recente canonização pelo Papa Francisco, em 2015 (um ano antes da estreia do episódio), esteve no centro de um debate a respeito do apagamento da memória e da defesa das minorias.

Junípero foi um frade franciscano espanhol que liderou uma missão evangelizadora na então distante Califórnia do século XVIII. Até a segunda metade do século XX, fora considerado um dos heróis americanos, por ter enfrentado governadores e pioneiros colonizadores em defesa dos povos originários. Redigiu um documento denominado *Representação*, uma espécie de declaração de direitos indígenas. Como Padre Vieira no Brasil[1], Junípero acreditava que a evangelização protegeria essas populações dos abusos perpetrados pelos conquistadores. O Papa Francisco dispensou a comprovação de um milagre do frei como pré-requisito em geral necessário à canonização de santos. Seu *testemunho missionário* de santidade foi considerado suficiente.

Embora se trate de um herói americano (sua estátua figura ao lado dos *Pais Fundadores*[2] da nação, no

---

1. Cf. OLIVEIRA, Ana Lúcia de. *Por quem os signos dobram: uma abordagem das letras jesuíticas*. Rio de Janeiro: EdUerj, 2003.
2. Entre os *founding fathers*, encontram-se políticos que assinaram a Declaração de Independência dos EUA, produziram a Constituição ou lutaram na chamada Revolução Americana.

Capitólio, em Washington), o frei teve sua canonização duramente criticada pelos movimentos de liderança de povos originários americanos. A porta-voz do grupo Kizh Gabrieleño afirmou, na ocasião, que se opunha "radicalmente à nomeação de santo do responsável pela morte de nossa gente e de nossa cultura"[3]. Em retaliação à canonização de Junípero, uma estátua em sua homenagem foi derrubada e tintas foram jogadas em sua lápide, na cidade de Carmel, onde está enterrado.

Na revisão crítica que fazem da construção narrativa da história, os movimentos de minorias têm problematizado a designação de heróis àqueles que, sob a perspectiva dos excluídos, foram seus algozes. Argumentam que, embora tenha *salvado* da morte alguns nativos, Junípero contribuiu também para o extermínio da cultura dos povos originários, impondo-lhes o cristianismo em detrimento de práticas religiosas ancestrais. Caberia inclusive perguntar onde estão os originários da Califórnia, fora dos filmes de *cowboy* dos estúdios de Hollywood (localizada nesse mesmo estado, aliás), em que costumavam ser representados como vilões a serem combatidos por heróis homens e brancos.

---

3. Cf. "Papa Francisco canoniza padre espanhol em missa nos EUA". *G1*, Mundo. 23 de Setembro de 2015. Disponível em: *http://g1.globo.com/mundo/noticia/2015/09/papa-francisco-canoniza-padre-espanhol-em-missa-nos-eua.html*. Acesso em 04 de Fevereiro de 2019.

No caso do episódio em questão, tematiza-se a problemática social de outra minoria: a homoafetividade lésbica. A referência ao frei Junípero no título do episódio e no nome da cidade articula-se à escolha narrativa por mimetizar uma Califórnia simbolizada por ideais de consumo, com suas baladas e praias. O *apagamento* da memória e da história também se manifestam na concepção das décadas do século XX como blocos estanques de signos de consumo e entretenimento (identificáveis apenas por seus penteados, roupas e menções à cultura pop), passando ao largo das contradições e problemas enfrentados nesses períodos históricos.

Acompanhemos a trama de modo a interpretar as pistas que surgem no decorrer do episódio. A história inicia-se com uma rápida imagem da beira da praia de San Junipero, seguida pela indicação da entrada da boate Tucker's, em um prédio em que se pode ver o cartaz do filme *The Lost Boys*, de 1987. A fotografia em tons pasteis favorece uma atmosfera nostálgica, enquanto outros elementos cênicos (tais como carros antigos e letreiros neon) reforçam que a cena se situa nos anos oitenta. O filme *The Lost Boys* (Os garotos perdidos), dirigido por Joel Schumacher, teve sucesso no final da década de 80. Eis seu tema: na Califórnia, jovens vampiros deleitam-se com uma vida irresponsável e hedonista. Outro cartaz de divulgação desse filme, ausente do

Figura 13: The Lost Boys: *vampirização hedonística da vida*
SAN Junipero *(Temporada 3, ep. 4). Black Mirror [Seriado]. Direção do episódio: Owen Harris. Produção da série: Barney Reisz, Charlie Brooker, Annabel Jones. Londres: Produtora Endemol UK, 2016. 61 minutos, son., color.*

episódio, trazia a sugestiva frase: "Dormir o dia todo. Divertir-se por toda a noite. Nunca envelhecer. Nunca morrer. É divertido ser um vampiro".

Já em seus primeiros segundos, o episódio sugere o tema de uma imortalidade divertida, californiana. Vampiros, tradicionalmente melancólicos por nunca morrerem, são fadados à busca eterna por amadas de carne e osso que se desvanecem com o tempo. No terror pop dos anos 80, o que era melancolia tornou-se puro hedonismo, não deixando também de apontar, de forma antecipatória, para os esforços das décadas seguintes na busca pelo prolongamento da vida por meio de artifícios da medicina e da indústria farmacêutica. Em San Junipero, todos são jovens e belos, como os vampiros na ensolarada Califórnia do filme de 1987.

Na sequência do episódio, um carro antigo repleto de jovens chega à boate, embalados pelo som da cantora Belinda Carlisle, responsável por um dos *hits* daquele ano. Carlisle, que nasceu em Los Angeles, Califórnia, fez grande sucesso com a canção pop romântica *Heaven is a place on Earth* (O paraíso é um lugar na Terra). A música, que retorna ao episódio nos créditos, tem uma letra romântica com refrão *chiclete* sobre um encontro amoroso que conduz os amantes ao paraíso na Terra. Se, na canção pop, a imanência do paraíso terrestre se dá pelo encontro amoroso, em San Junipero teremos, como vamos ver, um *paraíso* não-metafísico garantido pela tecnociência, por meio da criação de um *céu* virtual onde se poderia viver hedonisticamente por toda a eternidade.

Nesse cenário, a tímida e insegura jovem Yorkie (Mackenzie Davis) caminha de forma hesitante em direção à boate Tucker's, ao passo que a esfuziante Kelly (Gugu Mbatha-Raw) entra confiante no local, seguida por um rapaz que a paquera. Deslocada, Yorkie está sentada em um sofá da boate quando Kelly a aborda, pedindo que ela a acoberte em uma mentira para dispensar o rapaz que a persegue. Quando este tenta convencer Kelly a lhe dar outra chance, relembrando-a de como fora especial a relação dos dois na semana anterior, esta o interrompe categoricamente: "Semana passada foi semana passada". A descartabilidade das relações amorosas, tratadas como conexões e desconexões imediatas, é a regra em San Junipero. A questão da produção dos vínculos afetivos, problemática e repleta de *riscos*, é compreendida como um mal a ser evitado. Em San Junipero, o que dá o tom das relações não são os vínculos significativos, mas as intermitências no conectar-se e desconectar-se.

Esse modelo contemporâneo de *experiência* amorosa integra a ideologia securitária própria a uma sociedade de risco, identificando no outro o perigo e a fonte do mal. O autocentramento não favorece a preocupação com o outro e com seu estado. Alain Badiou (2009, p. 16) compara essa autoproteção nas relações amorosas à noção da guerra com *zero mortos*, em que a eficácia tecnológica bélica do ocidente garantiria conflitos sem prejuízo da vida de soldados. Ora, uma guerra *zero mortos* só leva em conta, claramente, um dos lados do conflito.

A ideia de um amor *confortável* eliminaria o risco do inesperado. Cabe, porém, discutir as implicações dessa *utopia da ligação perfeita*, prometida pelas biotecnologias e, atualmente, bastante difundida em aplicativos de encontros. Com a ligação perfeita, assegurada pela promessa da tecnociência, ganham-se a segurança e o conforto dos prazeres ilimitados. Mas o que se perde quando se elimina a *imperfeição* da ligação? Essa utopia ultrapassa o domínio das relações amorosas propriamente ditas e invade regiões como as do trabalho, da família, da política etc. Uma de suas causas seria o pavor que os indivíduos teriam de serem *desconectados*, excluídos do sistema de sociabilidade em rede. Assim, "na angústia da desligação está incubada a vontade de uma ligação perfeita que equivale de fato ao fim das ligações" (MIRANDA, 2002, p. 268). José Bragança de Miranda lembra que, desde o século XVIII, Rousseau já salientara que esse tipo de utopia resultaria na própria destruição de toda relação humana:

Dizem-nos que um povo de verdadeiros cristãos formaria a sociedade mais perfeita que imaginar se possa. Vejo nesta suposição pelo menos uma grande dificuldade: a de que uma sociedade de verdadeiros cristãos não seria já uma sociedade de homens. Digo mesmo que semelhante sociedade não seria, apesar de toda a sua perfeição, nem mais forte nem mais durável. *À força de ser perfeita faltar-lhe-ia a ligação [liaison]*: o vício que a destruiria está na sua própria perfeição (ROUSSEAU *apud*. MIRANDA, 2002, p. 268, grifo nosso).

A precariedade dos vínculos, abrindo espaço para tensionamentos e problematizações, mobiliza a abertura de possíveis e, por conseguinte, a ação política. A suposta ligação perfeita implica um ambiente de engessamento das relações, uma vez que pressupõe uma fixação, suspendendo as variações do fluxo temporal. Se as ligações são tratadas e vividas como meras conexões, não restaria nada mais a fazer senão *gerir* corretamente suas relações. Tal é a visão da ideologia securitária: gestão de riscos com o mínimo de desgaste e sem perda de tempo ou de energia, garantindo o máximo de eficácia.

De volta ao episódio, a jovem insegura se vê envolvida pelos encantos de Kelly, mas se assusta e foge. Do lado de fora da boate, as duas conversam. Yorkie confessa que nunca havia ido a uma balada e que sua família era muito rígida. Ante a recusa nervosa da moça, Kelly parece não se importar, estando acostumada às conexões/desconexões típicas de San Junipero. Após a despedida, Yorkie hesita e olha para trás; mas Kelly já havia desaparecido. Sem rastros, marcas ou cicatrizes, os contatos se fazem e desfazem, em uma cultura de consumo em que as imagens intermediam todas as relações.

Uma semana após ter sido *deletada* por Kelly, Yorkie experimenta roupas diante do espelho antes de sair. A cena apresenta de forma interessante a descartabilidade não só dos *looks*, como também das identidades atreladas a esses modelos *fashion*. Trata-se das identidades *prêt-à-porter* apontadas por Suely Rolnik, desde meados da década de 1990, como sintomáticas das reconfigurações culturais no âmbito da globalização. Conforme sugere Rolnik,

(...) a mesma globalização que intensifica as misturas e pulveriza as identidades implica também a produção de kits de perfis-padrão de acordo com cada órbita do mercado, para serem consumidos pelas subjetividades, independentemente de contexto geográfico, nacional, cultural, etc. Identidades locais fixas desaparecem para dar lugar a identidades globalizadas flexíveis que mudam ao sabor dos movimentos do mercado e com igual velocidade (ROLNIK, 1997, p. 20).

No episódio, a variabilidade das roupas é complementada pelo fundo musical da cena, com uma sequência de canções dos anos oitenta tocadas por Yorkie em seu aparelho de som[4]. As duas moças se encontram de novo e ficam finalmente juntas. Uma semana depois, Yorkie retorna à boate Tucker's à procura de Kelly, mas não a encontra. O *barman* lhe sugere que busque por Kelly no local sugestivamente denominado *Quagmire* (Lamaçal), um obscuro *inferninho* decadente. Deslocada e assustada, Yorkie passa por corredores sufocantes repletos de personagens inspirados pela estética gótica, *punk* e sadomasoquista. Muitos desses personagens a tocam, atraídos talvez pelo incomum aspecto virginal e tímido da moça. Entre as pessoas presentes no *Quagmire*, destacam-se uma mulher envolvida por uma cobra no pescoço, um casal em que o homem sufoca a mu-

---

4. Essa trilha é reveladora de uma série de pistas do episódio acerca da trama: a balada da banda *The Smiths* lançada também em 1987 e sugestivamente denominada *Girlfriend in a coma* (Namorada em coma); *Don't You (forget about me)* (Não se esqueça de mim), da banda *Simple Minds*, lançada em 1985; *Heart and soul* (Coração e alma), de T'Pau, em que se implora por um pouco de alma e coração em uma relação fria e distante; *Addicted to love* (Viciado em amor), de Robert Palmer e, finalmente, *Wishing well* (Poço dos desejos) *hit* de Terence Trent D'Arby de 1987.

lher com um saco plástico e lutadores que jogam uns aos outros contra as grades da gaiola em que estão presos. Anestesiados por uma série repetitiva de estímulos visuais, auditivos, táteis e gustativos, os frequentadores de *Quagmire* anseiam por recuperar a sensibilidade já há muito embrutecida por (mas não somente) constantes *inputs* sensoriais acelerados.

As cenas em *Quagmire* referem-se à multiplicação das chamadas práticas de risco, presentes, por exemplo, tanto nos esportes radicais quanto no abuso de drogas e nas modalidades de sexo não-seguro[5]. A contraconduta, nesse caso, seria menos libertária do que se crê: pode ser aproximada do que Gabriel Tarde chamou de *contra-imitação*:

pois os homens se contra-imitam muito, sobretudo quando não têm sequer a modéstia de imitar pura e simplesmente, nem a força de inventar; (...) não há nada de mais imitativo que lutar contra sua própria tendência a seguir essa corrente (...). Já na Idade Média, a *missa*

---

5. Os paradoxos relativos à ideologia securitária manifestam-se, por exemplo, em práticas sexuais de alto risco, como o *Barebacking*, em geral promovido entre parceiros avulsos em que propositadamente não se usa o preservativo. Em muitos casos, é considerado um ato de rebeldia. Há alguns tipos de *barebacking* em que toda uma terminologia própria valoriza a chance de transmissão do vírus HIV como um estímulo adicional. HIV positivos que desejam contaminar HIV negativos são chamados de *Gift Givers*, o vírus HIV sendo conhecido como *The Gift*, e aqueles que querem se contaminar sendo denominados *Bug Chasers*. As festas em que *Bug Chasers* transformam-se em *Gift Givers* são descritas como *Conversion Parties*.

negra nasceu de uma contra-imitação da missa católica (TARDE, 2001, p. 49, tradução nossa).

Entendida por essa chave tardeana, a suposta *radicalidade* das condutas acima mencionadas revela-se como impotência para criar, ou no mínimo, como imodéstia na imitação, ou seja, ao se julgarem inovadores quando estão repetindo. Retomando o enredo, no cenário confuso do *Quagmire*, Yorkie esbarra no rapaz do início. Este lhe sugere que a moça passe a procurar Kelly em outra época, nos anos 90 ou 2000. Apesar de a trama já ter fornecido pistas a respeito do tipo de *lugar* que seria San Junipero, é a sugestão dada pelo rapaz que esclarece de uma vez por todas se tratar de uma espécie de realidade virtual que permite, inclusive, viagens por blocos temporais previamente programados. Yorkie dá continuidade a sua peregrinação em busca de Kelly, viajando para o começo dos anos oitenta e noventa (identificáveis pelos diversos signos de consumo, como músicas, propagandas e jogos de videogame presentes na danceteria), até que finalmente a reencontra na Tucker's do começo dos anos 2000.

Não afeita a vínculos, Kelly vê-se enlaçada nas raízes afetivas que começavam a brotar de sua relação com Yorkie. Por esse motivo, *foge* para outra década da plataforma virtual San Junipero. Quando decide procurar por Yorkie, encontra a moça no topo de um prédio, prestes a *cometer suicídio*. Pergunta-lhe se suas *alavancas de dor* estão desligadas, o que reforça a constatação — aqui já bastante evidente — de que se trata de um ambiente de realidade virtual que transforma o próprio suicídio em um jogo banal. Yorkie pergunta a Kelly quantos dos habitantes de San Junipero estão efetivamente mortos, a que esta responde que 80%, 90% são *full-timers* (permanentes). Descobrimos assim que, na idílica e hedonista San Junipero, os frequentadores dividem-se entre *turistas*, como Kelly e Yorkie, e *permanentes*, mortos em sua realidade orgânica *transferidos* para esse céu virtual (como *neovampiros high tech*).

Kelly revela então que tem três meses de vida, visto que um tumor se espalhara por todo seu organismo. Yorkie lhe pergunta se, após a morte orgânica, optaria por permanecer em San Junipero. A namorada rechaça essa possibilidade, contando que seu marido, morto há dois anos, negara o convite para *viver para sempre* no ambiente virtual. A viúva decidira, assim, seguir os passos do marido, morrendo *definitivamente*. A revelação de aspectos de suas vidas *offline* faz com que as moças combinem encontrar-se fora de San Junipero. A cena seguinte mostra uma enfermeira que auxilia uma idosa a descer as escadas da saída de uma casa de repouso. Com dificuldades, a senhora que chega a um hospital é Kelly em sua versão *orgânica*. Ela entra em um quarto e encontra Yorkie, também idosa, imóvel

Figura 14: Versões offline *de Kelly e Yorkie*
SAN *Junipero (Temporada 3, ep. 4). Black Mirror [Seriado]. Direção do episódio: Owen Harris. Produção da série: Barney Reisz, Charlie Brooker, Annabel Jones. Atrizes na imagem: Annabel Davis e Denise Burse. Londres: Produtora Endemol* UK, *2016. 61 minutos, son., color.*

em uma cama, respirando por meio de aparelhos. O médico lhe explica que, embora não possa reagir fisicamente, Yorkie ouve e compreende o que se fala.

Kelly é abordada por um dos enfermeiros do hospital, que a surpreende ao contar que Yorkie ficou tetraplégica aos 21 anos, em decorrência de um acidente de carro após uma discussão com a família, quando contou que era lésbica. Há décadas paralisada, ela recuperara parte do convívio social por meio do sistema San Junipero. Até então, sua entrada no universo virtual era restrita a cinco horas por semana, como no caso de Kelly. Porém, o enfermeiro acrescenta que Yorkie se tornará uma *permanente* após o falecimento, ou seja, passará a *viver* virtualmente, e para sempre, na ensolarada Califórnia digital. O diálogo dos dois explica ao público que o sistema San Junipero fora produzido para fins terapêuticos, como uma *terapia de imersão nostálgica* programada para o tratamento do Mal de Alzheimer.

O enfermeiro propôs casar-se com Yorkie para poder assinar os papéis que autorizariam a eutanásia e seu consequente *upload* definitivo para San Junipero. *Uploaded to the cloud: sounds like heaven*, ironiza Kelly. O verbo *upload* remete, obviamente, à esfera computacional, designando transferências de arquivos para sistemas. Após a morte do corpo físico, Kelly seria *uploaded* para a *nuvem* (*cloud*), termo que nomeia uma vasta rede de servidores que, isenta de materialidade física, é capaz de armazenar e gerenciar uma quantidade imensa de dados. Tais servidores se conectam uns aos outros de forma global, formando uma espécie de ecossistema. A opção pelo termo *nuvem* reforça uma ambiguidade, na medida em que remete tanto a um suposto espaço físico (como se esses servidores estivessem no alto, no céu) como também ao imaginário religioso do cristianismo. A ironia de Kelly reside em tirar proveito dessa ambiguidade, lançando mão ainda da expressão *sounds like heaven*, literalmente *soa como o paraíso*.

O programa San Junipero realiza, assim, a utopia de um paraíso na Terra, engendrando um lugar intermediário para algo da experiência humana, para a memória, para aquilo que, sem ser material, também não seria do âmbito do *espírito* (*alma* ou *mente*). O imaterial traduz-se em um fluxo de dados capaz de definir quem você *realmente* seria e, sobretudo, quem gostaria de ser e onde gostaria de estar, de acordo com os padrões de perfis identitários disponíveis.

Após a morte material de Yorkie e seu *upload* permanente em San Junipero, Kelly decide submeter-se à eutanásia, a fim de também ser *uploaded to the cloud* e *viver* feliz para sempre com a namorada. O episódio mostra, no mundo *offline*, Kelly em seus momentos finais na casa de repouso, experienciando as inúmeras dificuldades decorrentes de um corpo orgânico que insiste em envelhecer, adoecer e morrer. As cenas seguintes encaminham a trama para seu desfecho. Yorkie dirige um lustroso carro conversível (um verdadeiro *red mirror*) ao som da canção *Heaven is a place on Earth*. Paralelamente, a idosa Kelly recebe nas veias o líquido que concretiza sua eutanásia. Surge então a imagem de seu túmulo: liso, limpo, sem fissuras ou marcas temporais. Deparamo-nos, por fim, com as versões virtuais de Kelly e Yorkie em San Junipero, juntas e felizes[6].

---

6. O episódio recebera elogios por parte de ativistas LGBTQIA+, uma vez que a trama teria escapado do que consideram um clichê relativo a gays e lésbicas em produções audiovisuais: tais personagens comumente sofrem abusos, violência de todo tipo e, frequentemente, morrem. A reação de ativistas a essa tendência foi sugestivamente nomeada como *Bury your gays* (Enterrem seus gays). Embora estejam mortas, as personagens de San Junipero puderam permanecer juntas. Contudo, o episódio nos leva a refletir mais amplamente sobre a dissolução de laços afetivos nas sociedades capitalistas contemporâ-

Figura 15: Felizes (e jovens) para sempre
SAN *Junipero (Temporada 3, ep. 4). Black Mirror [Seriado]. Direção do episódio: Owen Harris. Produção da série: Barney Reisz, Charlie Brooker, Annabel Jones. Atrizes na imagem: Gugu Mbatha-Raw e Mackenzie Davis. Londres: Produtora Endemol* UK, *2016. 61 minutos, son., color.*

Obviamente, as cenas alegres e multicores emulam imagens típicas da publicidade na lógica da *instagramização* de uma vida feliz. Entretanto, o episódio não se encerra aí. Nesse sentido, ele mimetiza seu próprio tema, na medida em que também ele resiste a chegar ao fim. Novas cenas surgem enquanto vão passando os créditos. Mostra-se uma gigantesca maquinaria nada virtual, operada por braços robóticos que encaixam, em um painel, cápsulas numeradas, sem dúvida referidas aos personagens definitivamente *enterrados* em San Junipero. Também a lápide se virtualiza. Vidas reduzem-se a dados inseridos em bancos, realizando o que profeticamente anunciou Deleuze acerca das sociedades de controle:

neas. Ocorreria aí a substituição de um clichê (*bury your gays*) por outro: o imperativo da felicidade publicitária.

Figura 16: TCKR: *ecossistema de memórias* dividuais
SAN *Junipero (Temporada 3, ep. 4). Black Mirror [Seriado]. Direção do episódio: Owen Harris. Produção da série: Barney Reisz, Charlie Brooker, Annabel Jones. Londres: Produtora Endemol UK, 2016. 61 minutos, son., color.*

"Os indivíduos tornaram-se 'dividuais', divisíveis, e as massas tornaram-se amostras, dados, mercados ou 'bancos'" (DELEUZE, 1992, p. 222). Fechando-se o circuito do enredo, lê-se a sigla da máquina, TCKR Systems, que remete ao nome da boate Tucker[7].

Exploremos a estranheza desse sonho de uma vida sem corpo, sem tempo, purificada de todo sofrimento e frustração. Tal anseio parece compatibilizar-se com outra ficção: a de uma *alma* digitalizável, conversão absoluta do plano imaterial da existência

---

7. Curiosamente, em 1981 — portanto, na década em que se passa boa parte da trama de San Junipero — foi produzido um filme chamado *Tuck Everlasting* (Tuck eterno), baseado no livro infantil de 1975. O livro debate as inconveniências da imortalidade adquirida após se beber água diretamente da nascente mágica de um rio. Embora os episódios da série não guardem continuidade entre si, referências à empresa TCKR aparecem ainda nos episódios *Playtest*, também da terceira temporada, sobre um game de realidade virtual e, mais enfaticamente, no episódio *Black Museum*, da quarta temporada.

humana em termos de dados informacionais capazes de armazenar e perpetuar a memória do que se é e se vive. Esse desejo, realizado pelo programa San Junipero, apoia-se em uma noção de existência imaterial e de memória calcada em uma concepção digitalizante da vida.

Conforme tem sido um movimento geral deste livro, acionaremos a seguir perspectivas filosóficas que nos foram legadas pelo século XIX e que poderão servir para complexificar as questões acima levantadas. Nossa primeira referência será o trabalho de Henri Bergson no livro *Matéria e Memória*, de 1896. Nesse livro, o filósofo retoma e procura resolver um problema deixado em aberto pelo dualismo cartesiano: se somos corpo e alma, de que modo esses dois termos se articulam? Para pensar tal problemática, Bergson se dedicará ao estudo da memória, uma vez que, para ele, nela se tocam e se imbricam, necessariamente, matéria (o cérebro) e imaterialidade, o *espírito*, entendido como fluxo de tempo vivido.

O conceito bergsoniano de memória, intimamente articulado ao de virtualidade, ganha um interesse especial neste século, em função da predominância crescente da concepção de memória proveniente do campo das neurociências. Tal concepção deveu seu desenvolvimento às novas possibilidades computacionais de imageamento do cérebro vivo, até então opaco à visibilidade. Essa visão neurocientífica tem se expandido veloz e eficazmente pelos meios de comunicação e pela indústria de entretenimento, tal como no episódio em questão. A abordagem neurocientífica aqui referida diz respeito sobretudo à que é frequente e amplamente disseminada e vulgarizada na cultura contemporânea[8]. No âmbito deste capítulo, não cabe aprofundar divergências e discussões que também atravessam esse vasto campo. A referência às neurociências cumprirá principalmente duas funções: por um lado, ressaltar sua adequação a uma versão computacional do cérebro; por outro, servir para que tracemos um contraponto propositadamente anacrônico com a noção bergsoniana de memória.

Para dimensionar de modo mais evidente a tendência à redução do fenômeno da memória ao nível bioquímico do corpo e, em especial, a uma concepção computacional do cérebro ancorada na teoria da informação, basta atentarmos para as citações abaixo, extraídas do livro de divulgação *Memória*, do neurocientista radicado no Brasil Iván Izquierdo:

> De um ponto de vista operacional, as memórias nada mais seriam do que alterações estruturais de sinapses, distintas para cada memória ou tipo de memórias (IZQUIERDO, 2002, p. 47).

---

8. A esse respeito, conferir VIDAL, Fernando; ORTEGA, Francisco. *Somos nosso cérebro? Neurociências, subjetividade e cultura*. São Paulo: N-1 Edições/Hedra, 2019.

... a memória de trabalho depende basicamente da atividade elétrica *online* de neurônios do córtex pré-frontal e de suas interações com o sistema hipocampal e com outras regiões corticais... (Idem, 2002, p. 67).

Entendida como processamento de informações pelas sinapses e redes neuronais do cérebro[9], a memória se torna função da materialidade do cérebro, sem que se discutam as inúmeras premissas filosóficas inerentes a essa perspectiva nem as bases teóricas em que ela se sustenta. Dentre essas premissas, para começar, mencionemos a problemática relação ou correlação cérebro/memória, bem como o estatuto da noção de causalidade cientificamente verificável e assinalável. No final do século XIX, crítico agudo das perspectivas teóricas e científicas de sua época, Henri Bergson tematizou a relação cérebro/memória desde o prefácio acrescido à sétima edição de *Matéria e memória*:

Que haja solidariedade entre o estado de consciência e o cérebro é incontestável. Mas também há solidariedade entre a roupa e o prego onde ela está dependurada, pois se arrancamos o prego, a roupa cai. Dir-se-ia por isso que a forma do prego desenha a forma da roupa ou nos permite de algum modo pressenti-la? Assim, do fato de que o psicológico esteja pendurado em um estado cerebral não se deve concluir o "paralelismo" das duas séries, psicológica e fisiológica. (BERGSON, 2001, p. 164).

---

9. Cf. IZQUIERDO, *op. cit.*, p. 17: "o cérebro converte a realidade em códigos e a evoca por meio de códigos".

O filósofo estabelece um vínculo de *solidariedade* entre o estado de consciência e o cérebro, mas postula uma diferença de natureza entre essas duas instâncias, barrando a via ao gesto de redução de uma delas à outra. *Solidariedade* implica uma relação necessária, mas não deixa lugar para o estabelecimento de nexos de equivalência ou de causalidade. A metáfora do prego e da roupa é bastante precisa nesse sentido. Ela evidencia, por um lado, a dependência mútua entre os dois elementos em questão e, por outro, a irredutibilidade entre as duas instâncias, inviabilizando operações reducionistas.

Evidentemente, não se trata hoje do mesmo entendimento do funcionamento cerebral nem de visões localizacionistas como as que Bergson combateu — e contribuiu para alterar — no final do século XIX. Tampouco de uma concepção paralelística entre as duas séries (fisiológica e psicológica), preconizada nas teorias combatidas por Bergson, que consideravam a consciência como uma espécie de *fosforescência*, como uma enigmática emanação do cérebro. Entretanto, vários aspectos da crítica bergsoniana permanecem pertinentes, no que diz respeito às atuais versões científicas e computacionais do fenômeno da memória, insistentemente disseminadas pelos *media* e presentes em *Black Mirror*.

Como vimos, no episódio rompe-se a solidariedade entre cérebro e memória, na medida em que, à diferença da perspectiva bersgoniana, mesmo após a morte cerebral das personagens suas memórias mantêm-se operantes no ecossistema computacional. De modo nostálgico, o episódio reintroduz subrepticiamente o dualismo: o afastamento com relação ao monismo naturalista (*só haveria cérebro*), próprio às neurociências, é corrigido pela ideia da manutenção da memória como pacotes de dados que podem permanecer ativados em novos suportes não orgânicos. Reedita-se, assim, a velha alma imortal, tratada agora como um feixe de informações autonomizadas.

Cabe enfatizar a recusa bergsoniana a reduzir o fenômeno *espiritual* da memória à materialidade do cérebro, entendida nas neurociências atuais em termos de sinapses, conexões de redes neurais, moduláveis por elementos bioquímicos do corpo, sobretudo pelos hormônios. Essa visada crítica está evidentemente ligada ao dualismo renovador proposto por Bergson: matéria e memória não seriam instâncias redutíveis uma à outra; tampouco "séries paralelas". Segundo o filósofo, matéria e memória diferem de modo radical, distinguindo-se por suas *naturezas* diversas.

Em *Matéria e memória*, Bergson não cessa de afastar-se de uma visão espacializada da memória, que faria do cérebro e de suas células locais de armazenamento, lugares de mera arquivação do passado, tal como no episódio em questão, embora se trate evidentemente em *Black Mirror* de uma versão digitalizada de arquivo. Rompendo com a tradição filosófica de que as pesquisas científicas da época permaneciam tributárias, Bergson não pensa o cérebro como órgão da representação, da especulação, do conhecimento puro, remetendo-o antes a uma ação vitalmente interessada.

Partindo da discussão das doenças da memória, o filósofo refuta por vários ângulos a concepção do cérebro como um reservatório de imagens e de lembranças. No caso por exemplo das afasias, que correspondem a lesões locais do cérebro, entende a lesão psicológica não como uma abolição das lembranças (supostamente guardadas, estocadas nas células cerebrais), mas como uma impotência para evocá-las ou para atualizá-las. Prova disso é que um certo esforço ou emoções fortes podem trazer bruscamente de volta à consciência palavras que se acreditavam perdidas de uma vez por todas. Ou seja: as lembranças não estão situadas nem arquivadas em células do cérebro. Memória e cérebro teriam naturezas diferentes. O esquecimento tampouco equivale a uma operação meramente negativa, de aniquilação das lembranças.

Também podemos encontrar uma concepção ativa e viva das lembranças, sob a forma de uma presença latente ou virtual. Por exemplo, no capítulo 9 de seus *Princípios de psicologia* (JAMES, 1952), intitulado "O fluxo de pensamento", James enfatiza que uma palavra esquecida não está ausente da mente. É o que podemos constatar em uma situação bastante corriqueira: tendo esquecido um nome próprio, se nos perguntam se é este ou aquele nome, somos capazes de dizer que não se trata dos nomes mencionados. Entretanto, no momento em que ouvimos o nome correto, o reconhecemos imediatamente. Conforme esse exemplo evidencia, o nome esquecido não se encontra eliminado da memória, mas brilha por assim dizer em ausência; permanece vivo, embora inacessível à clareza e luminosidade da consciência.

A partir da discussão dos estudos sobre as afecções ligadas à memória verbal, Bergson explicita ainda mais os vínculos entre cérebro e memória: "Tais fatos (...) concorrem para provar que o cérebro serve aqui para escolher no passado, para diminuí-lo, para simplificá-lo, para utilizá-lo, e não para conservá-lo."[10] O cérebro não conteria, portanto, "caixas de lembranças" que conservariam fragmentos do passado. O filósofo associa argutamente essa visão do cérebro (cara à sua época) a determinada concepção do tempo, a certa noção do passado derivada de um gesto de abolição do tempo como puro movimento, como mudança contínua, ininterrupta, indivisível.

Na obra, sublinha de que modo a espacialização do tempo, que marca nossa tradição de pensamento,

---

10. Cf. a segunda das conferências apresentadas em Oxford em 1911 (BERGSON, 2001, p. 1389), a que remetemos também para o desenvolvimento que se segue imediatamente a essa citação.

está relacionada a uma ideia igualmente espacializante e interiorizada do cérebro. O paradigma digital, tal como apresentado em San Junipero, reedita essa visão espacializante sob a forma de blocos de tempo pelos quais se pode viajar, como em um videogame. Se, para Bergson, memória é tempo, logo fluxo constante, não se pode aprisioná-la em blocos estanques. Como o fluxo do tempo é movimento absoluto não passível de ser seccionado, o passado e a memória encontram-se de fato em uma relação de simultaneidade com o *presente* e o vivido. Em sua obra, Bergson alude à conhecida experiência do *déjà vu* para atestar a verdadeira coincidência, na duração real, entre passado (e, portanto, memória) e *presente*. Nessa experiência comum, por uma breve fração de segundos, em função de certo relaxamento da atenção à vida pragmaticamente orientada — que em geral nos acompanha e baliza nossa percepção —, assistimos por breves instantes à simultaneidade entre o imediatamente vivido e a produção de memória.

Para Bergson, a memória está sempre integralmente presente, mas sob o modo da virtualidade. O filósofo aciona um conceito de virtualidade que difere radicalmente daquele utilizado de modo banal no âmbito das tecnologias digitais. Para Bergson, virtual é o que é real, sem ser atual. A memória, no sentido bergsoniano, como pura virtualidade, nos acompanha por inteiro ao longo da vida, atualizando-se em geral em função da filtragem ligada às exigências da ação. Mantém-se como totalidade em um estado virtual e atualiza-se em função de situações e interesses presentes. A função do cérebro, nesse sentido, também é a de suspender a memória, a de nos proteger de seu afluxo avassalador, tal como aquele que paralisa o personagem borgiano *Funes, o memorioso* (BORGES, 1997). Ou seja: o cérebro não serve para guardar ou *arquivar* lembranças mas, ao contrário, para suspendê-las, para mantê-las em sua condição virtual, evitando que nos açodem e nos impeçam de viver. E viver implica seguir em frente agindo no mundo.

Vínculo com a ação presente, prego que sustenta a roupa, o cérebro funciona como mediador entre as lembranças que se atualizam e a totalidade da memória que permanece por inteiro, suspensa na virtualidade, enquanto o corpo mantém-se vivo. Nesse sentido, o cérebro pode ser associado à inibição das lembranças, ao esquecimento, remetido à atenção à vida e, portanto, ao mecanismo de suspensão da memória como um todo no plano da virtualidade. Visto que a memória se associa à virtualidade, o esquecimento deixa de ser pensado como mera operação negativa (de eliminação, anulação de lembranças), passando a se confundir com o mecanismo de suspensão em um plano de virtualidade (de memória, portanto), ou seja, como a sobrevivência de todo o vivido em um outro modo de existência, inconsciente.[11]

À diferença do dispositivo virtual *San Junipero*, em que a *memória-dados* é um produto que oferece um futuro substitutivo para uma vida imperfeita ou infeliz, a memória entendida no sentido bergsoniano corresponde a uma fonte inesgotável para que se varie de resposta a situações, para que se inventem novos horizontes enquanto se vive e age. A essa liberação com relação a automatismos vem se acrescentar a ideia da manutenção integral da memória. Pois já que um sem-número de lembranças pode vir a se atualizar, essa noção de memória funciona como um manancial inesgotável, permitindo que se liberte da mera repetição, dos hábitos e do reino da necessidade, abrindo novos horizontes para si e para os outros.

A construção filosófica de Bergson sem dúvida alguma respondia às angústias de seu tempo, com relação à automação dos corpos e à rotinização da vida, por conta da inserção crescente dos homens

---

11. Nesse sentido, podemos dizer que, em Bergson, o conceito de memória engloba o de esquecimento. No caso de Nietzsche, como veremos mais adiante, é o termo desqualificado pela tradição filosófica (esquecimento), considerado como mais fundamental e originário, que engole a *memória*, que pode então ser transvalorada pelo filósofo (como *memória de futuro*, e não mais como prisão conservadora e ressentida ao passado). De todo modo, ambos os filósofos, cada um à sua maneira, apontam para uma ultrapassagem do par opositivo banal memória/esquecimento.

em uma lógica de estímulo-resposta demandada pelos meios de produção fabril, pela indústria cultural nascente, pela intensa estimulação sensório-motora dos corpos nas cidades em expansão. Esse movimento também se evidencia claramente no gesto bergsoniano de distinguir a memória-hábito da *memória por excelência*.

Na relação entre o pensamento de Bergson e o momento histórico em que sua obra se situa, pelo menos dois aspectos podem ser destacados. Em primeiro lugar, o fato de Bergson ter abandonado e criticado o privilégio, marcante nas teorias de seu século, da memória-hábito. A memória deixa assim de ser buscada na ordem da repetição, sob a forma de um passado que age em nós, para ser atrelada a um passado que não se repete, mas *imagina* e sonha em nós. O que então se tem a investigar passa a ser o jogo incessante entre essas imagens-lembranças que acorrem em direção à ação presente e as "lembranças puras", mantidas impotentes nesse passado singular que se conserva por inteiro, no plano virtual da memória.

Memória em Bergson é diretamente ligada à dinâmica da duração. Portanto, não poderia ser reduzida a uma série de dados informacionais capaz de existir fora do tempo vivido, tal como sonhado em *San Junipero*. Esse programa oferece a promessa de um futuro *corrigido* com relação a todas as vicissitudes da vida, com seus sofrimentos, frustrações e lembranças traumáticas. Nesse sentido, trata-se de um produto que responde a uma problemática questão: o ressentimento com relação ao passado, do qual resulta o desejo de dirimir *imperfeições* da vida em um céu ideal, abstrato, desencarnado.

No século XIX, Nietzsche identificou o ressentimento com relação ao passar do tempo e ao aspecto irrecorrível do passado como a maior doença da nossa civilização. Refletindo sobre essa problemática, valorizou estrategicamente, em sua obra, a força plástica do esquecimento. Para se dimensionar melhor esse tema, cabe explorar a abertura da segunda dissertação da *Genealogia da moral*. Nesse livro de 1887, o filósofo elabora um novo conceito de esquecimento radicalmente diverso daquele identificado por ele no pensamento inglês. A contrapelo dessa influente tradição filosófica, o esquecimento não será entendido por Nietzsche como *vis inertiae* (força da inércia), como pura passividade; será antes pensado como uma força plástica, modeladora, como uma atividade inibidora fundamental, inibidora também de ressentimento. Por conseguinte, não corresponde a um movimento secundário e passivo, como no caso do desgaste lento e inevitável de uma efígie cunhada em uma moeda, por conta de sua manipulação e da usura do tempo.

Para Nietzsche, esquecer seria não apenas uma atividade, mas uma atividade primordial. O esquecimento não viria apagar marcas já produzidas pela memória. Antecedendo à sua própria inscrição, ele impediria e inibiria a fixação. Invertendo-se o sentido usual, a memória é que passa a ser pensada como uma "contra-faculdade" (*ein Gegenvermögen*). É ela que viria se superpor ao esquecimento, suspendendo-o (*aushängen*), impedindo sua ação salutar, fundamental. Na *Genealogia*, Nietzsche remete o esquecimento ao processo de digestão, chegando mesmo a criar uma palavra alemã complementar à que corresponderia em português à expressão "assimilação física"[12]. A língua alemã dispõe desse termo (*Einverleibung*) para nomear o complexo processo fisiológico da nutrição. Tal palavra é composta a partir das ideias de um movimento para dentro (*ein-*), de transformação (*ver-*), do substantivo corpo (*Leib*) e de um sufixo que indica a substantivação de um processo (*-ung*).

Rompendo com a circunscrição da digestão ao âmbito de um corpo fisiologicamente descrito, Nietzsche propõe então a palavra *Einverseelung*, introduzindo no lugar do corpo a referência à alma, *Seele*. Essa palavra pode ser apropriadamente tra-

---

12. Seguimos aqui a solução proposta por Paulo César de Souza (NIETZSCHE, 1998), como aliás em outras citações de Nietzsche, aproximando-as por vezes do texto original em alemão.

duzida como "assimilação psíquica"[13], mas cabe enfatizar que o termo "psíquico", nesse caso, está impregnado por sua origem grega, que o aproximaria do alemão *Seele*, "alma". Sempre é bom lembrar que não se trata aqui de uma concepção de psiquismo tal como as que irão marcar a psicanálise, no limiar do século seguinte.

Nietzsche arranca o tema da digestão ao campo da mera fisiologia, trazendo-o para o da filosofia, propondo no mesmo gesto uma concepção de corpo bastante singular. Na medida em que o processo da digestão passa a ser estendido para o campo da *alma*, é a própria alma, como algo supostamente diverso do corpo, que é engolida pelo que se associava apenas a uma função física pretensamente distinta da atividade do *espírito*. Segundo uma estratégia frequente em Nietzsche, há nesse caso uma ultrapassagem da antiga distinção corpo/espírito, em favor de um corpo pensado de modo não fisiológico, não esquadrinhado e seccionado pelas ciências médicas.

Concluindo essa passagem da segunda dissertação da *Genealogia*, Nietzsche afirma que não pode haver felicidade, jovialidade, esperança, orgulho e — sublinha — *presente* sem a atividade desse mecanismo inibidor que é o esquecimento. Compara então o homem em que esse aparelho se encontra danificado a um *dispéptico*, termo da medicina que de-

---

13. Tradução proposta por Paulo César de Souza.

signa aquele que tem dificuldade de digerir. Dispéptico seria, segundo Nietzsche, quem nunca se livra de nada, quem não "dá conta" de nada: *"er wird mit Nichts 'fertig'"*. Mais literalmente ainda: não dando cabo de nada, esse homem nunca fica pronto (*fertig*) para o novo, para o presente. Torna-se refém do passado e de suas marcas. Nesse sentido, viver implica passar pelas experiências (não negá-las ou substituí-las por programas como San Junipero), digeri-las (o que difere radicalmente de *deletá-las*), a fim de inaugurar efetivos novos começos.

No texto, imediatamente após estabelecer a comparação entre o dispéptico e o ressentido, Nietzsche a suspende, sublinhando seu gesto de ultrapassagem da distinção corpo/espírito. Afirma que o homem no qual esse aparelho inibidor não mais funciona "pode ser comparado *(e não só comparado)* a um dispéptico". Se corpo e espírito não mais se distinguem, se o espírito é físico — todos esses termos tendo sido evidentemente transvalorados — a comparação, que supõe separação, tem de ser suspensa. É o que Nietzsche evidencia, ao lançar a comparação apenas para poder imediatamente retirá-la. O esquecimento não é portanto *comparável a* um processo de digestão. Atividade que concerne ao corpo, esquecer se confunde com a digestão. A digestão, por sua vez, deixa de ser pensada apenas no campo da fisiologia, como função de um corpo por assim dizer "desespiritualizado". No mesmo movimento, esquecimento e memória não se opõem, mas estão ambos implicados no processo de digestão.

O tema da função digestiva do esquecimento relaciona-se diretamente a outra afirmação extraída do parágrafo 16 do capítulo "Das velhas e novas tábuas", de *Assim falou Zaratustra III*: "o espírito *é* um estômago". Nessa passagem, o verbo *é* foi destacado por Nietzsche. Mesmo em um texto como *Assim falou Zaratustra*, não se trata aqui de uma metáfora, de uma simples analogia. O espírito não é *semelhante* a um estômago. Espírito e estômago se fundem, e é apenas por conta de uma linguagem comprometida com distinções metafísicas que se têm de inventar incessantemente, no interior dessa mesma linguagem, estratégias capazes de esquivar a insidiosa reintrodução de hábitos de pensamento.

Após tematizar o esquecimento como digestão, como "uma forma de saúde *forte*", Nietzsche altera a própria concepção fraca e passiva de memória. No final do parágrafo de abertura da segunda dissertação da *Genealogia*, introduz-se uma noção de *memória da vontade*, uma memória instauradora de mundos. Trata-se de uma memória lançada em direção ao futuro, na medida em que se alia ao prometer. A um novo sentido de esquecimento corresponde portanto uma nova interpretação do tema da memória. É enfatizado seu aspecto ativo, a que se vincula um conceito de vontade ligado à palavra que se empenha, à promessa deliberadamente mantida. Não se trata de uma concepção clássica da vontade, como intencionalidade de uma consciência no agir, mas antes de um "querer querer", de lembrar-se que se quis, de seguir querendo (*ein Fort- und Fortwollen des ein Mal Gewollten*), ou seja, de um dobrar-se sobre si mesma, de uma intensificação da vontade no tempo. Ou melhor: de uma transformação da vontade em tempo, uma apropriação do passar do tempo pela vontade. Vontade seria, nesse sentido, o que é capaz de ligar algo que já foi certa vez querido a um querer que se projeta no tempo por vir. Portanto, diz respeito à criação de fortes vínculos com a vida.

Uma vez que esquecer é digerir, o processo se dá no tempo e precisa da paciência requerida pelo tempo como duração. Ora, no universo vampirescamente hedonístico de San Junipero, não há lugar para a paciência da duração, com seus meandros, suas variações infinitesimais de afetos e atmosferas. Abre-se um tempo sem diferença, eternamente tedioso. O ressentimento manifesta-se na restauração do sonho de um paraíso que pretende emendar e *corrigir* um viver considerado como imperfeito, por conta de seus riscos, tempos próprios e, em síntese, sua finitude. Mesmo que para isso seja preciso abolir o corpo, matá-lo e transferi-lo, por fim, para um *upload* redentor.

Volto já: tecnologias, finitude e a arte de saber terminar[*]

> Não quero alcançar a imortalidade através da minha obra.
> Quero alcançá-la não morrendo.
>
> WOODY ALLEN

O episódio *Volto já* (*Be right back*), que abriu a segunda temporada da série *Black Mirror*, tematiza a problemática da perda e da finitude na cultura ocidental contemporânea. Retomemos de início detalhadamente seu enredo para, a seguir, aprofundarmos as questões que ele suscita. Um casal jovem vive uma relação amorosa bem realizada, instalando-se em uma casa de campo que tinha pertencido aos pais do rapaz. Ela se chama Marta; ele, *Ash* — literalmente, *cinza*. O nome do personagem já prediz sua sina: tornar-se cinza, a morte prematura. Mas também aponta para seu futuro renascer, tal como uma ciberfênix.

---

[*]. Uma primeira versão parcial deste capítulo foi publicada por Maria Cristina Franco Ferraz na Revista Galáxia, v. 1, série 41, em 2019, com o título "Volto já (*Be right back*) de *Black Mirror*: tecnologias, finitude e a arte de saber terminar".

Nas primeiras cenas, sentado em uma van, Ash aguarda Marta, que tinha ido comprar um lanche na noite chuvosa. Quando a moça retorna ao carro, vê-se que Ash está constantemente distraído, desatento, sugado pela tela do celular. Em outra cena, já em casa, verificando a desatenção de Ash, Marta diz que o celular do companheiro é um ladrão, pois rouba sua atenção. Ainda que no episódio isso não seja diretamente evidenciado, esse ladrão irá roubar a própria vida do personagem.

Com efeito, Ash morre no caminho para devolver a van alugada, sem ter a seu lado a mulher, que frequentemente chamava sua atenção para seu sequestro constante pelas sedutoras telas do celular. O enredo sugere essa ilação, pois na cena inicial no carro, quando Ash vai dar a partida, Marta pede-lhe para guardar o celular no porta-luvas. Sua frase curta soa imperativa: *porta-luvas*. Atesta, assim, que a moça sempre mandava Ash fazer isso quando usavam o carro. Na sequência, já em casa, lembra a ele onde o celular ficara. A redundância desse detalhe favorece a sugestão sobre o motivo da morte no carro, por provável distração *online*.

Outra pista sobre a morte iminente de Ash, e sobre a própria temática do episódio, está presente nas músicas que o casal ouve e canta no início, ainda no carro — duas canções dos *Bee Gees* —, mesmo em um tom de certo modo paródico, retrô. Uma delas é *If I can't have you*, jura pop de amor eterno, que nem a morte é capaz de dissolver. Felizes na noite de chuva, cantam juntos no carro o refrão *If I can't have you/I don't want nobody, baby/If I can't have you, uh-huh, oh*. Ainda nas cenas iniciais na van, outro *hit* dos *Bee Gees* comparece, mesmo que de modo algo irônico. Trata-se de *How deep is your love*, outra referência pop que celebra a profundidade do amor insubstituível. Como em *San Junipero*, a cultura pop (nesse caso, os anos 70 do século passado) funciona como pano de fundo e horizonte cultural. No lugar da longa tradição sobre amor inscrita na cultura letrada ocidental, a referência pop é introduzida, servindo como matriz pedagógica acerca dos verdadeiros vínculos amorosos. Vínculos profundos, insubstituíveis; logo, sempre de algum modo assombrados pela possibilidade de perda ou morte.

Vejamos como o tema é introduzido de modo explícito no episódio. Chegando em casa, Ash observa uma foto emoldurada, que ele fotografa para compartilhar em seu celular. Explica a Marta que se trata de seu irmão que morreu ainda criança. Após a perda do irmão, a mãe retirou das paredes e móveis todas as fotos da criança, deixando somente aquela. Os outros retratos foram prudentemente colocados no sótão da casa, agora habitada pelo jovem casal. Evidencia-se a temática que o enredo irá explorar: a dificuldade de lidar com a morte, também expressa no deslocamento das imagens e lembranças dos mortos para o limbo de sótãos pouco frequentados, local da casa distante dos espaços cotidianos e usualmente associado em filmes norte-americanos ao passado e à memória.

Ash vai devolver a van sozinho — para nunca mais voltar. O título do episódio tinge-se com um *pathos* em que se misturam espanto e perplexidade ante a perda abrupta e definitiva. O *volto já* cotidiano contrasta com o nunca mais voltar da morte, sempre presente no horizonte de possibilidade dos vivos. A promessa contida em todo *volto já* expressa confiança na vida, no seguir vivendo. Mas também integra o repertório clichê daqueles que estão prestes a abandonar covardemente algum parceiro. Há ainda a ambiguidade, em inglês, do imperativo *Be right back*, que podemos traduzir por *Volte já*.

A exploração do tema da dificuldade face à finitude passa a ser diretamente desdobrada e confrontada com soluções tecnológicas. No velório, uma amiga de Marta sugere a ajuda de um *software* que imita o morto, trazendo-o de volta, senão à vida, ao menos ao alcance da conectividade. Ela explica que se antecipou e inscreveu Marta nesse programa, que a ajudara a superar a dor de uma perda semelhante. Marta reage violentamente a essa forma de ajuda no luto, segundo ela doentia. Sozinha em casa, pinta e renova objetos, em um movimento sugestivo de seguir em frente. Ao entrar em seu *email*, observa entretanto que um Ash virtual fez contato. Assustada, mas sem abrir a mensagem, continua navegando na internet. Vê-se na imagem que ela já recebeu sugestões de livros de auto-ajuda para casos de perda e luto.

A moça retoma seu trabalho de *webdesigner* ou algo no gênero, mas de repente começa a sentir enjoos e a ter crises de vômito. Quando o teste de gravidez dá positivo, a viúva recente entra em crise e procura a irmã. Não conseguindo falar com ela, cede à tentação de acessar o Ash digital. Insere no programa imagens, filmes e falas do marido, arquivadas em seu computador, o que permite a reprodução mais convincente da voz, do jeito e das falas do falecido. Desde que passa a conversar com o programa que emula Ash, Marta não procura mais a ajuda de alguém próximo, furtando-se ao contato efetivo com a irmã, que vai visitá-la. Ao longo das trocas via *email* e depois celular, Marta vai aderindo à ficção do outro virtualmente reencontrado, como que devolvido à vida. Contatos *online* realizam certa presença alucinatória (CRARY, 2014), mitigando o sentimento de solidão ou isolamento. Eis uma solução informática para as dificuldades ante o luto, a morte, a finitude.

O *software* processa o Ash digital a partir de tudo o que o rapaz havia postado em vida nas redes sociais e registrado em *emails*. A partir de seus rastros *online*, de informações que sobrevivem à vida de seu corpo, Ash ressuscita. O programa comenta com Marta inclusive a estranheza do aspecto fantasmático e espectral desses contatos telefônicos com a voz de um morto. A credibilidade do novo Ash é garantida não apenas por sua voz, mas igualmente pela emulação do humor doce e cáustico, muitas vezes apontado para si mesmo, que caracterizava o rapaz. Por exemplo: no primeiro telefonema, a voz diz a Marta que deve ser estranho ele poder falar, uma vez que já não tem boca — tipo de humor compatível com o que Ash poderia dizer em uma situação como aquela. Ou seja: o *software* não imita apenas o que o personagem escreveu alguma vez; emula criativamente seu estilo.

Quando Marta faz ultrassonografia, ouve o coração do feto e grava o som para enviá-lo a Ash. Entretanto, o celular cai no chão, perde-se o contato e ela se dá conta da fragilidade desse modo de substituição. Eis o momento oportuno para o *software* lhe vender (e bastante caro) uma solução tecnológica ainda mais *perfeita* e tangível: um corpo biossintético idêntico ao do companheiro morto, capaz de sustentar o programa com mais estabilidade, eficácia e verossimilhança. Marta termina por adquiri-lo.

Entra então em cena outro dispositivo tecnológico, capaz de prover o programa Ash com um novo *hardware*: um corpo sintético feito à imagem e semelhança do morto. Um *corpo* já não mortal ou falível.

A peça chega em um caixote, meio desmontada, envolta em um líquido que, segundo Marta, tem cheiro parecido com o do esponjoso *marshmallow*. Segundo explica o programa *online*, trata-se de um gel nutriente colocado no material para que os tecidos não ressequem quando transportados. Para ser ativado e ganhar *vida*, necessita permanecer certo tempo imerso em uma banheira cheia d'água, acrescida de eletrólidos, que Marta compara à ração para peixes de aquário. Enquanto passa pelo procedimento de ativação, emite sons estranhos, surdos, meio borbulhantes. O *software* Ash (ainda em funcionamento) explica que se trata de um tipo de fermentação. Processos próprios ao mundo orgânico (tanto a solução aquosa quanto a fermentação) são portanto integrados à inorgânica carne sintética. Para a produção de um novo Ash, renascido das cinzas, elementos orgânicos são utilizados para ativar o inorgânico, este último vendido para suprir de modo mais eficaz o vazio deixado pela morte.

O corpo que emerge da banheira, praticamente idêntico ao original, tem algo de inquietantemente robótico[1]. Apesar de imitar quase perfeitamente o

---

1. Neste aspecto, o episódio reedita, com diferenças a serem exploradas, o problema do Duplo (*Doppelgänger*) caro à literatura desde o início do século XIX, com a publicação da novela *O Homem da areia*, de E. T. A. Hoffmann. Esse texto foi objeto de estudo de Freud no famoso ensaio acerca do conceito de *Unheimliche* (inquietante familiaridade). Obras de escritores como Edgar A. Poe e Dostoiévski trataram do Duplo. Em

Figura 17: Das Unheimliche *em sua versão sintética*
BE right back *(Temporada 2, ep. 1).* Black Mirror *[Seriado]. Direção do episódio: Owen Harris. Produção da série: Barney Reisz, Charlie Brooker, Annabel Jones. Ator na imagem: Domhnall Gleeson. Londres: Produtora Endemol* UK*, 2013. 44 minutos, son., color.*

rapaz morto, ressuscita mais novo, sem marcas, inexpressivo. Esse *quase* é importante e irá se intensificar ao longo do episódio. Em sua condição de androide algoritmicamente clonado, assemelha-se a Ash, mas sua expressão facial é menos viva, como se tivesse sido congelada. A pele é macia, lisa, contendo mesmo linhas e simulacros de poros perceptíveis ao tato. Trata-se de uma pele produzida por mapeamento textural, conforme o programa explica para Marta, a não ser em seus detalhes menores, como as pontas dos dedos, duplicadas em 2D. Ou seja: o novo

que pese a relevância desse tema, neste capítulo seguiremos outra direção investigativa.

Ash tem pele digitalizada, mas carece de digitais nos dedos, linhas e marcas utilizadas tanto na identidade moderna quanto nas atuais identificações biométricas. A primeira, de modo analógico (por meio da impressão direta das linhas dos dedos); a segunda, traduzida em termos de informação tratada e lida algoritmicamente. A biometria comparece no episódio: quando Marta paga pelo transporte da caixa com as partes do androide, coloca seu dedo em uma máquina de pagamento. Ao fazê-lo, surge sua foto na tela da maquininha, atestando a legitimidade do comprador. A redução do ser a pacotes informacionais comparece primeiramente em bancos, transações comerciais e controles policiais, de fronteiras.

Quando o casal vai para a cama, surgem diversas diferenças. Por exemplo, falta uma pinta em seu peito; ela é de imediato ativada, brotando magicamente de dentro da carne sintética. De início, o androide não entende o funcionamento de seu pênis; mas, como tecnologia *inteligente*, aprende rapidamente. Mesmo sem entender bem, consegue ligá-lo e desligá-lo quando dá o comando. Nesse aspecto, o androide de pele macia parece mais performativo, eficaz e competente que os homens de carne, osso e complexa subjetividade. Além de não precisar comer (mas ser capaz de mastigar e engolir para dissimular sua artificialidade), Ash tampouco precisa dormir. Permanece deitado na cama, ao lado de Marta, mas

Figura 18: O ciborgue aprendiz
BE right back (Temporada 2, ep. 1). Black Mirror [Seriado]. Direção do episódio: Owen Harris. Produção da série: Barney Reisz, Charlie Brooker, Annabel Jones. Atores na imagem: Hayley Atwell e Domhnall Gleeson. Londres: Produtora Endemol UK, 2013. 44 minutos, son., color.

com olhos abertos. Outra estranha *superioridade* sobre os humanos, que (ainda) não podem prescindir do sono[2] e do esquecimento.

A cena na cama merece destaque. O clone não possuía registro das respostas sexuais de Ash, uma vez que o rapaz nada postava acerca de suas experiências íntimas. O estoque de movimentos sexuais do androide provém de vídeos pornô: conforme a reação da parceira sugere, eis outro *upgrade* em relação ao parceiro perdido. O Ash de carne e osso

---

2. Jonathan Crary inicia seu livro 24/7 aludindo a pesquisas da Nasa que investigam aves migratórias que conseguem voar por dias seguidos, sem descanso. O autor enfatiza, no capitalismo tardio, o projeto de ultrapassagem dos limites biológicos entre sono e vigília, o novo e inquietante sonho de uma insônia produtiva e performática, a colonização dessa última fronteira humana: o sono (CRARY, 2014).

transava uma vez, virava para o lado e dormia. O desempenho sexual do androide é performaticamente incansável: o casal aparece transando em três posições sexuais diferentes. Marta parece ter mais prazer com o androide. A discrepância entre a fragilidade e limitações próprias ao orgânico e o desempenho otimizado e regenerativo ilimitado do corpo sintético é enfatizada de modo ainda mais explícito na cena em que Ash se fere com um caco de vidro, sem sentir dor. Uma vez retirado o caco, a pele se autorregenera, como por milagre, imediatamente.

Entretanto, as diferenças mais significativas, desfavoráveis ao androide, se dão em outros planos, como o episódio irá mostrar. Em primeiro lugar, semelhante a um autista, o *ciber-Ash* nem sempre identifica a clivagem entre o literalmente dito e o sentido efetivo. Não decodifica apropriadamente jogos de sentido, que, conforme pleiteou Wittgenstein (WITTGENSTEIN, 2001), só podem funcionar em situações concretas, vividas, imprevisíveis, não programáveis. Por exemplo, quando na cama Marta geme "Oh, no", o robô interpreta o gemido como índice de que não está agradando, que ela deseja que ele pare, quando obviamente se trata justo do contrário, de uma expressão afirmativa de prazer.

No entanto, o que passa a irritar especialmente Marta é que o Ash sintético é programado apenas para agradar, nunca entrando em tensão ou em conflito com ela. Obedece, submete-se, nunca reage. Duas cenas são mais marcantes nesse sentido. Em uma delas, Marta repudia o boneco e o agride fisicamente. Ele se nega a devolver a agressão. Ela então sente falta do que o verdadeiro Ash faria. Dizendo que o cordato androide não passa de um nada, expulsa-o de casa. Ao acordar, o vê estancado no portão. Ele explica que não podia se afastar mais de 25 metros de seu duplo ponto de ativação — a banheira e a mente de Marta —, sem colocar em risco a integridade de sua *administradora*.

A cena mais radical acontece quase na parte final do episódio, quando Marta leva o robô até o *Penhasco dos Desesperados* (no original *Lovers' Leap*, salto dos amantes) e ordena que ele pule. O androide se prontifica a obedecer, mas hesita em fazê-lo, pois não havia registro de impulsos autodestrutivos ou suicidas nos arquivos de Ash. Entretanto, como é programado para satisfazer os desejos de sua proprietária, dispõe-se a realizar o comando e a repetir o trágico *salto dos amantes* da era vitoriana. Ela então se exaspera, afirmando que o androide não tem história, que é apenas performance. Marta explica que o Ash original teria medo e nunca permaneceria impassível, sem desabar em choro, na iminência de despencar em um precipício. O androide necessita de poucos segundos para corresponder mais adequadamente à expectativa da moça e emular o humano,

Figura 19: Reciclagem high tech *do amor romântico*
BE right back *(Temporada 2, ep. 1). Black Mirror [Seriado]. Direção do episódio: Owen Harris. Produção da série: Barney Reisz, Charlie Brooker, Annabel Jones. Ator na imagem: Domhnall Gleeson. Londres: Produtora Endemol UK, 2013. 44 minutos, son., color.*

chorando e dizendo que não quer morrer. A cena se fecha com Marta, emocionalmente afetada, gritando à beira do abismo um sonoro *não*.

O episódio tem então seu desfecho: na mesma casa, vemos Marta, agora desvitalizada, como que robotizada. Ela festeja o aniversário de sua filha, ruiva como o pai e já bem grandinha. A menina pede para subir até o sótão para levar uma fatia de bolo para Ash. É então explicitada a solução encontrada por Marta: guardar o androide no sótão, permitindo a visita da filha nos fins de semana e em datas especiais. Essa solução para a perda repete, em outra chave (não mais como imagens 2D mas em 3 dimensões), o deslocamento para o sótão de lembranças de pessoas mortas, de perdas nunca digeridas ou ultrapassadas, tal como no caso do que a mãe de Ash fizera com relação ao filho perdido. Já não se trata de fotos analógicas em velhos baús, mas do clone que continua ativado no sótão, podendo ser visitado em certos momentos.

Uma vez sintetizado o enredo do episódio *Volto já*, cabe aprofundar a problemática da perda e da finitude por ele alavancada, explorando de início a concepção de tecnologia em que se baseia e de que modo ela lida com tal questão. Para isso, realizemos uma breve incursão pela filosofia que subjaz à tecnociência acionada no episódio. Os trabalhos do sociólogo português Hermínio Martins sobre a filosofia da técnica nos fornecem pistas férteis nessa direção. Martins identificou uma espécie de gnosticismo tecnológico como impulso operante na tecnociência contemporânea. O gnosticismo tecnológico exprime uma forte aversão à viscosidade própria ao orgânico, a sua tendência persistente à degradação e à morte, horror presente tanto na corrente mística (o gnosticismo em sua versão clássica) quanto na agenda atual da tecnociência, em um sentido laicizado. Manifesta-se um curioso amálgama entre a invenção de sofisticadas tecnologias digitalizantes e um antigo anseio ocidental de superação dos limites impostos pela materialidade, pela obsolescência programada do orgânico. Mais do que os traços de semelhança entre a visada do gnosticismo em sua versão clássica e a do gnosticismo atrelado às tecnologias, atente-se entretanto para uma diferença relevante: na tecnociência, trata-se de uma inclinação destituída de transcendência, conforme veremos.

O conceito de gnosticismo tecnológico corresponde a um desejo de ascese, por via tecnológica, com relação às imperfeições do orgânico, fadado a todo tipo de disfunção ou falha. Ascese com relação às inevitáveis degradações do corpo e da mente, em seu caráter contingente. Essa noção pode ser articulada ao que Hermínio Martins chamou de impulso fáustico, uma das direções que têm atravessado o desenvolvimento das tecnociências. Remetendo à figura de Fausto, ao pacto com o diabo, esse impulso visa à superação dos limites da vida humana, exprimindo um desejo de esquivar a própria finitude, que implica inevitavelmente (segundo as tecnociências nos prometem, talvez *por ora*) envelhecimento e morte (FERRAZ, 2000). Esse impulso também pode ser observado no fascínio exercido pela textura lisa e purificada do digital, que os corpos passam a admirar e a querer emular (SIBILIA, 2015).

O horror à viscosidade, às imperfeições, à finitude do orgânico pode ser portanto identificado na redução crescente da corporeidade à pureza da informação digitalizada, da atual genômica às imagens assépticas do interior e do exterior do corpo. Tanto em ressonâncias magnéticas, neuroimagens em vibrantes tons *neon*, *photoshops*, quanto em imagens chamadas de alta definição no cinema, na televisão digital e também exploradas em publicidades de cosméticos. Manifesta-se igualmente em temas e noções provenientes do campo das neurociências, como a inquietante noção de *morte neuronal gradativa* (IZQUIERDO, 2002, p. 32), uma morte gradual que teria início, precocemente, tão logo o ser humano realiza sua maior façanha: deixar de engatinhar para adotar a postura bípede. Em uma era destituída de transcendência, o medo de envelhecer, o desejo de superar a finitude e seus sinais *por enquanto* incontornáveis também se expressam no temor à perda progressiva da memória, remetida ao funcionamento deficiente de redes neuronais do cérebro.

A tecnocência de inflexão fáustica promete ralentar, contornar e no limite esquivar esse ominoso destino orgânico. O conceito de *morte neuronal gradativa* funciona como uma das novas qualificações da morte, desnaturalizada pelo menos desde 1968, quando emergiu o conceito de morte cerebral, fundamental para novas práticas de reanimação e também para a remoção de órgãos transplantáveis (AGAMBEN, 1998, p. 153–158). Envelhecer e esquecer tornam-se problemas muito precoces, que devem ser mitigados ao longo da vida por toda sorte de *fitness* cerebral; que devem ser adiados, se não eliminados, por práticas de autogestão aconselháveis, contando também com o auxílio de novos fármacos. Em suma, a inflexão fáustica ancora-se no impulso de superar a limitação e finitude humanas, engendrando um horizonte cultural que está longe de favorecer a experiência, ainda incontornável, do sofrimento, da perda e da morte.

De modo geral, o projeto faustiano de gestão total dos mundos orgânico e inorgânico atravessa a tecnociência atual, da bioengenharia à inteligência artificial, passando pela clonagem, pelo avanço das tecnologias reprodutivas e da nanotecnologia. Nessa direção, intensifica-se a manipulação radical da geoesfera e do mundo orgânico. Ao não endossar a finitude, a visão de mundo e de vida implicada nesses avanços não nos abastece com um quadro de valores apto a nos preparar para experiências de perda ou luto. Ao contrário, na medida em que se endereça à superação dos limites da vida, cria um vácuo, a ser preenchido com fármacos, auto-ajuda e tipos de *Ersatz* como o androide do episódio.

É essa vertente dominante que está em jogo no episódio comentado. *Volto já* ressalta os avanços da tecnociência e seus limites. Especialmente no que diz respeito à promessa de correção da contingência e dos sofrimentos humanos. O androide, tecnologia *inteligente* muito bem realizada tanto em seu *software* quanto em seu *hardware*, não basta (ainda) para preencher e resolver o vazio deixado pela morte do companheiro. Ao mesmo tempo, tem sua performance aperfeiçoada em vários sentidos, não sente dor, prescinde de comida e de sono. Além de não envelhecer. Seu comportamento é ditado pelo programa que, mesmo capaz de aprender, não o provê com a espessura experiencial própria à subjetividade e necessária à efetiva comunicação. Sua incapacidade para o conflito empobrece e termina por inviabilizar a relação com o outro.

Essas duas condições — apenas comportamento, no lugar da vida subjetiva; ausência de rugosidade ou tensão na relação com o outro — se expressam na textura especial de sua pele sintética. Essa pele teflon (FERRAZ, 2015, 105–114), produzida por mapeamento textural e protegida de rugas ou de ferimentos, carece da porosidade afetiva que caracteriza a pele humana. A fim de dimensionarmos a distância entre a pele sintética do androide e nossa pele, membrana porosa de trocas e comunicação com o mundo, voltemos às origens gregas que se aninham na noção de *poros*.

Na mitologia grega, Poros e Eros são figuras articuladas entre si. Remetido à ideia de expediente, à saída de situações embaraçosas, Poros é filho de Métis (Astúcia), primeira esposa de Zeus — que a engoliu por temê-la. O nome de Poros foi incorporado ao vocabulário filosófico, que usa o termo *aporia* (composto por *poros* acrescido do prefixo privativo *a-*)

para designar situações sem saída, impasses. Poros, filho de Astúcia, remete ao expediente, ao jeitinho que se encontra como alternativa, como saída para situações complicadas, embaraçosas. Sua inteligência aproximativa, não apenas racionalista, herdada da mãe, foi sistematicamente desqualificada por Platão e Aristóteles, no limiar da filosofia hegemônica no ocidente (FERRAZ, 1999, p. 81–82).

Sobre a relação entre Poros e Eros, lembremos a versão do mito proposta pela sacerdotisa Diotima, no diálogo platônico *O banquete* (PLATÃO, 2016). Segundo Diotima, Eros seria um ser intermediário entre os deuses e os homens, nascido da união entre Penia (Pobreza) e Poros (Expediente). Penia não foi convidada para um banquete dos deuses. Ao passar pelo lado de fora dos jardins em que Poros dormia saciado, aproveita-se do sono do belo jovem e engendra Eros. Eros é assim fruto da união (uma união *não consentida*) entre Pobreza e Expediente. Os gregos nos legaram esse parentesco algo clandestino entre Eros e Poros.

Ora, se nossa pele é constituída por poros e se é por ela que circulam desejos, o vínculo entre Eros e Poros tem na pele humana sua expressão mais tangível. Para aprofundarmos essa temática, dialogaremos com o trabalho do filósofo José Gil, que tematizou o estatuto paradoxal dessa pele que não apenas habitamos, mas somos. Pensaremos, a seguir, de que modo o bloqueio da porosidade da pele inviabiliza a circulação de Eros tanto em androides como Ash quanto em corpos hiperconectados ou blindados — dos quais Marta se aproxima no final do episódio.

A pele que acreditamos fechar e conter nossos corpos é dotada de um estatuto paradoxal que é oportuno tematizar, no contexto da expansão e consolidação da cultura da imagem, do espetáculo, da performance otimizada e bem-sucedida, bem como nos modos de vida compatíveis com essa ambiência cultural. A pele é meio de comunicação por excelência, uma comunicação direta e não mediada. Trata-se de uma interface dentro/fora, de uma membrana de trânsito e de trocas com o que costumamos chamar de *meio ambiente*. Não se trata, portanto, de um mero invólucro ou embalagem.

Como lembrou José Gil, em seu livro sobre corpo e dança, a própria sensação de tato se dá, na verdade, milímetros abaixo da pele: "Lembremos que a pele não é uma película superficial, mas tem uma espessura, prolonga-se *indefinidamente* no interior do corpo: é por isso que a sensação de tato se localiza a alguns milímetros no interior da pele, e não à sua superfície." (GIL, 2001, p. 76, grifo do autor). No livro *Metamorfoses do corpo*, José Gil explicita essa outra versão de *interior* ligada aos paradoxos da pele. Eis uma passagem em que o autor recorre a um vocabulário que se esquiva de simplificações espacializantes:

(...) esta zona fronteiriça tem realmente uma interface paradoxal: por um lado limita-se por fora graças à pele; por outro, prolonga o espaço da pele *para dentro*, conferindo à pele um espaço que a continua, transformando-a: não é já superfície, mas *volume* ou, mais exatamente atmosfera. (GIL, 1997, p. 155, grifos do autor).

Intervém aqui um termo precioso: *atmosfera*. Essa noção anula e ultrapassa a velha distinção (ainda tão presente) entre corpo e alma, entre corpo e mente ou psiquismo. Em sua materialidade, a pele carreia forças da profundidade do corpo, abrindo-se, ao mesmo tempo, às forças do mundo. A dimensão paradoxal e membranosa, essa *atmosfera*[3] de trocas e comunicação é usualmente recalcada em nossa percepção cotidiana. O esquecimento dos paradoxos da pele articula-se, no ocidente, à noção literalmente incorporada de *indivíduo*, que corrobora a oposição entre dentro e fora de que tem sido difícil escapar. Pensar as relações de um corpo com o que estaria fora dele supõe a crença de que nossos corpos próprios seriam isoláveis do entorno (social, natural, cultural), e se comunicariam com o *meio* a partir dessa separação prévia. Torna-se então inevitável pensar e viver a pele apenas como corte e afastamento entre dentro e fora, como uma fita isolante entre o eu e o mundo. Deixa-se de pensá-la

---

3. Esta noção é sem dúvida inspirada no trabalho de Hubert Damisch acerca das nuvens na história da pintura, mencionado por Gil no livro sobre dança (DAMISCH, 1972 e GIL, 2001).

em sua dimensão intrinsecamente comunicacional, como fita de Möbius, interface em que efetivamente circulam trocas de afetos e de forças *do* e *no* mundo.

A partir dessas reflexões, podemos avaliar com mais precisão a distância entre a pele sintética e a pele humana, compreendendo por que o androide não poderia satisfazer o vazio deixado pelo Ash de carne, osso e pele. A impermeabilidade no contato com o outro, a lisura perfeita e incorruptível de sua pele inviabilizariam a circulação de Eros, mesmo se, por conta de avanços tecnológicos, o androide viesse a conquistar algo semelhante à plasticidade da subjetividade humana. Ao colocar o clone no sótão e ao passar por cima da efetiva experiência do luto, Marta também se torna impermeável, tem seus poros lacrados, e fechadas as passagens entre ela, o mundo e a vida. Daí seu aspecto robotizado e amortecido, o olhar triste e esvaziado na cena final. Explicita-se então a questão de fundo: o desfecho melancólico do episódio sugere que é necessário certa coragem existencial e ética para viver perdas, não apenas para suportar a finitude, mas para integrá-la ao viver. Desse movimento depende o viço, a vida, o desejo.

Esse tema está presente na tradição filosófica, comparecendo, por exemplo, de modo vigoroso e mais abrangente, no aforismo de Friedrich Nietzsche intitulado "Saber encontrar o fim" (NIETZSCHE, 2001). Como contraponto ao problema detectado no episódio, e encaminhando este livro para seu desfecho, vale a pena nos determos neste aforismo de *A Gaia ciência*, que amplia a temática até aqui tratada:

> Os mestres de primeira ordem dão-se a conhecer pelo fato de, tanto nas coisas grandes como nas pequenas, saberem terminar de modo perfeito, seja uma melodia ou um pensamento, seja o quinto ato de uma tragédia ou uma ação política. Os melhores de segundo nível sempre se inquietam com a aproximação do fim e não descem, por exemplo, para o mar com a orgulhosa e tranquila cadência das montanhas junto a Portofino — lá onde a baía de Gênova termina de cantar sua melodia. (NIETZSCHE, 2001, p. 191).

Nesse texto, o filósofo distingue os que considera *mestres de primeira grandeza* a partir deste critério: seriam aqueles que, tanto em situações pequenas como nas grandes, sabem encontrar o fim com perfeição. Um final buscado, tramado, inventado. Não uma fatalidade previamente determinada, mas um desfecho curioso, intrigante. Pelas mãos que sacodem o jogo de dados do acaso, esse desenlace passa a se inscrever como a produção de um destino desejado como tal. Não se trata do sentido usual de destino, como predeterminação.

Eis o que está em jogo: o que se inscreve e se escreve *efetua mundos*, cria sentidos, traça novas destinações. Esse desfecho de que fala o aforismo citado nada tem de imposto, de inexorável ou fatal. Diante dele, não cabe a máscara lúgubre da vítima que clama por piedade e consolo. O epílogo buscado, tramado de modo perfeito, resolve-se numa declinação musical em direção ao largo, rumo ao mar. Nele ressoam altivez e serenidade, certa linha de sobriedade. No aforismo, Nietzsche enumera a amplitude de campos em que saber terminar seria prova de maestria de primeira ordem. Pode se tratar do fim de uma melodia, de um pensamento, do quinto ato de uma tragédia ou de uma ação política. É portanto necessário, em vários sentidos, intensificar a arte de saber terminar, de saber encontrar novos fins, desenlaces inventivos. Tudo está sempre em jogo nessa arte.

O filósofo acrescenta que os *melhores* de segunda grandeza se inquietam cada vez mais à medida que se vai aproximando o fim. A angústia diante do fim, tomada como inevitável pelo senso comum e em determinadas perspectivas filosóficas, seria sentida, conforme Nietzsche, por mestres de segunda; haveria nela algo de humano, demasiado humano. Essa angústia secreta um *pathos* que caracteriza os que não possuem a força vital necessária para encarar o fim como uma nova chance para o mais perfeito golpe de mestre. A verdadeira maestria expressa-se na destemida arte de achar um fim, fluindo ativamente nessa direção, metamorfoseando os momentos finais em uma nova oportunidade para a criação de términos imprevisíveis, surpreendentes.

Nesse momento do texto, expressão da arte retórica como potente arma para superar a angústia e inquietação ante o fim (e não consolar), emerge uma imagem geográfica, uma ode por assim dizer geológica: a referência à impactante beleza das montanhas e do litoral de Portofino, perto de Gênova. O aforismo conclui-se de modo performativo, fazendo aquilo que diz. Em seu desfecho, alcança uma rítmica, uma musicalidade visual, quase pictórica, de alta maestria: "descem, por exemplo, para o mar com a orgulhosa e tranquila cadência das montanhas junto a Portofino — lá onde a baía de Gênova termina de cantar sua melodia." A tradução é bem realizada; o original alemão pauta-se por uma cadência rítmica dotada de uma força de encantamento e de persuasão ainda mais notável. O movimento de descida torna-se de fato melódico. A cadeia de montanhas deita-se no mar. Nessa cadência, não se expressa qualquer resignação perante o fim; produz-se, de modo ativo, um movimento em que a beleza plástica funde-se à musicalidade, enunciando uma serena e sóbria celebração da finitude aliada ao devir.

Podemos então concluir que certas perspectivas já um tanto esquecidas na cultura contemporânea — e que a visão fáustica da tecnociência não pode abrigar — exprimem-se nesse convite à afirmação do fim, encarado como uma oportunidade para a criação de uma resposta de outra ordem, ético-estética, à questão da finitude. Logo, como uma cura para a doença mais aguda que, em sua obra, Nietzsche identificou em nossa cultura e para a qual os episódios *San Junipero* e *Be right back* não deixam de apontar: o ressentimento contra o tempo, por ele não cessar de estar passando e ser irreversível. Na medida em que a cultura do espetáculo contemporânea não cessa de valorizar imagens de felicidade estampadas na superfície dos rostos e que o temor ao perecível orgânico tende a obstruir os poros da pele, essa experiência afirmadora e inventiva a partir do sofrimento e do luto está longe de ser favorecida. Só ela, entretanto, parece apta a propiciar a abertura dos poros, a circulação de Eros e, por fim, um *pathos* muito mais sutil, passageiro, nem um pouco espetacular: a alegria. Que Guimarães Rosa, no final do conto *As margens da alegria*, remete à intermitência luminosa própria aos vagalumes: "Sim, o vagalume, sim, era lindo! — tão pequenino, no ar, um instante só, alto, distante, indo-se. Era, outra vez em quando, a Alegria". (ROSA, 1969, p. 7).

BIBLIOGRAFIA

ADORNO, T; HORKHEIMER, M. *Dialética do esclarecimento: fragmentos filosóficos*. Rio de Janeiro: Zahar, 1985.

AGAMBEN, Giorgio. "Em que cremos? Redescubramos a ética". In: *La Repubblica*. Roma, 2011. Disponível em: *http://www.ihu.unisinos.br/noticias/42848-em-que-cremos-redescubramos-a-etica-entrevista-com-giorgio-agamben* Acesso em 11 de Abril de 2019.

_____. *Nudità*. Roma: Ed. Nottetempo, 2009.

_____. *O poder soberano e a vida nua: homo sacer*. Lisboa: Editorial Presença, 1998.

BADIOU, Alain. *Éloge de l'amour*. Mayenne: Flammarion, 2009.

BERGSON, Henri. *Mémoire et vie* (textes choisis). Paris: PUF, 1975.

_____. *Oeuvres (Edition du Centenaire)*. Paris, PUF, 2001.

BERNARDO, André. "O extremista mora no celular ao lado". *Revista Galileu*. São Paulo, Editora Globo, Edição 315, out 2017, p. 34.

BEZERRA JR, Benilton. "A psiquiatria e a gestão tecnológica do bem-estar". In: FREIRE FILHO (org.). *Ser feliz hoje*: reflexões sobre o imperativo da felicidade. Rio de Janeiro: Editora FGV, 2010.

BORGES, Jorge Luis. *Ficções*. São Paulo: Ed. Globo, 1997.

BÜTTGEN, Philippe; CASSIN, Barbara. "'J'en ai 22 sur 30 au vert'. Six thèses sur l'évaluation". In: ZARKA, Yves Charles (org.). *Cités. L'idéologie de l'évaluation (la grande imposture). Vol. 37*. Paris: PUF, 2009.

CASSIN, Barbara. *La nostalgie*. Paris: Fayard, 2013.

CRARY, Jonathan. *24/7: capitalismo e os fins do sono*. 1ª ed. São Paulo: Cosac Naify, 2014.

_____. *Suspensions of perception*: attention, spectacle and modern culture. Massachusetts: MIT Press, 1999.

DAMISCH, Hubert. *Théorie du nuage (pour une histoire de la peinture)*. Paris: Editions du Seuil, 1972.

DEBORD, G. *Sociedade do espetáculo*. Rio de Janeiro: Contraponto, 2000.

DELEUZE, Gilles. *Conversações*. Rio de Janeiro: Ed. 34, 1992.

_____. *Diferença e repetição*. Rio de Janeiro: Paz e Terra, 2006, p. 288.

_____. *Nietzsche et la philosophie*. Paris: P.U.F, 2007.

DELEUZE, G; GUATTARI, F. "Devir-intenso, Devir-animal, Devir-imperceptível". In: *Mil Platôs, v. 4: capitalismo e esquizofrenia*. Rio de Janeiro: Editora 34, 2008.

_____. "Micropolítica e segmentaridade". In: *Mil Platôs, v. 3: capitalismo e esquizofrenia*. Rio de Janeiro: Editora 34, 2004.

DEPRESSÃO cresce no mundo, segundo OMS; Brasil tem maior prevalência da América Latina, Rio de Janeiro, *O Globo*, 23/02/2017, p. 25.

EHRENBERG, Alain. *O culto da performance*: da aventura empreendedora à depressão nervosa. Aparecida, SP: Idéias & Letras, 2010.

FERREIRA, Paula. "Tolerância bloqueada: com eleições pela frente, 2018 tem tudo para ser o ano mais bélico nas redes sociais". *O Globo*, Rio de Janeiro, 21 jan. 2018, Sociedade, p. 40.

FERRAZ, Maria Cristina Franco. *Nietzsche, o bufão dos deuses*. São Paulo: N-1, 2017.

_____. *Platão: as artimanhas do fingimento*. Rio de Janeiro: Ed. Relume Dumará, 1999.

_____. *Ruminações*: cultura letrada e dispersão hiperconectada. Rio de Janeiro: Garamond/FAPERJ, 2015.

_____. "Sociedade tecnológica: de Prometeu a Fausto". In: *Contracampo*. Niterói: PPGCOM-UFF, número 4, 2000.

FOUCAULT, Michel. *História da Sexualidade 1 – A vontade de saber*. Rio de Janeiro: Graal, 2006.

GIL, José. *Em busca da identidade – o desnorte*. Lisboa: Relógio d'Água, 2009.

_____. *Metamorfoses do corpo*. Lisboa: Relógio d'Água, 1997.

_____. *Movimento total – O corpo e a dança*. Lisboa: Relógio d'Água, 2001.

IZQUIERDO, Iván. *Memória*. Porto Alegre: Artmed, 2006.

JAMES, William. *The Principles of Psychology*. Chicago/Londres/Toronto: Encyclopaedia Britannica, Inc., 1952.

LAZZARATO, Maurizio. *As revoluções do capitalismo*. Rio de Janeiro: Civilização Brasileira, 2006.

MARTINS, Hermínio. *Experimentum Humanum: civilização tecnológica e condição humana*. Belo Horizonte: Fino Traço, 2012.

_____. *Hegel, Texas e outros ensaios em teoria social*. Lisboa: Ed. Século XXI, 1996.

MIRANDA, José Bragança. "Para uma crítica das ligações técnicas". In: MIRANDA, José Bragança de; CRUZ, Maria Teresa (org.) *Crítica das ligações na era da técnica*. Lisboa: Tropismos, 2002.

NIETZSCHE, Friedrich. *A gaia ciência*. São Paulo: Companhia das Letras, 2001.

_____. *Genealogia da moral*. Tradução de Paulo César de Souza. São Paulo: Companhia das Letras, 1998.

_____. *Sämtliche Werke. Kritische Studienausgabe* (15 volumes). Giorgio Colli e Mazzino Montinari (orgs.). Munique/Berlim/Nova York: DTV/de Gruyter, 1986.

OZ, Amós. *Como curar um fanático: Israel e Palestina: entre o certo e o certo*. São Paulo: Companhia das Letras, 2016.

PAGLIA, Camille. *Os pássaros*. Rio de Janeiro: Rocco, 1999.

PLATÃO. *O banquete*. São Paulo: Ed. 34, 2016.

ROLNIK, Suely. *Esferas da insurreição: notas para uma vida não cafetinada*. São Paulo: N-1, 2018.

_____. "Toxicômanos de identidade. Subjetividade em tempo de globalização". In: LINS, Daniel (org.) *Cultura e subjetividade. Saberes Nômades*. Campinas: Papirus Editora, 1997.

ROSA, Guimarães. *Primeiras estórias*. Rio de Janeiro: José Olympio Ed., 1969.

ROSE, Nikolas. *The politics of life itself: biomedicine, power, and subjectivity in the twenty-first century*. Princeton: Princeton University Press, 2007.

SAINT CLAIR, Ericson. *A depressão como atualidade midiática no Brasil contemporâneo (1970–2010): fazendo o arquivo falar*. Tese de doutorado defendida no Programa de Pós-Graduação em Comunicação e Cultura da UFRJ, 2012a.

_____. *Gabriel Tarde e a comunicação: por um contágio da diferença*. Rio de Janeiro: Multifoco, 2012b.

SAMPSON, Tony. *Virality: Contagion Theory in the age of networks*. Minneapolis: University of Minnesota Press, 2012.

SIBILIA, Paula. *O homem pós-orgânico: a alquimia dos corpos e das almas à luz das tecnologias digitais*. Rio de Janeiro: Contraponto, 2015.

_____. *Redes ou paredes*: a escola em tempos de dispersão. Rio de Janeiro: Contraponto, 2012.

TARDE, Gabriel. *A opinião e as massas*. São Paulo: Martins Fontes, 2005.

_____. *Les lois de l'imitation*. Paris: Éditions du Seuil, 2001.

_____. *L'opposition universelle: essai d'une théorie des contraires*. Paris: Institut Synthélabo, 1999.

_____. *Monadologia e sociologia*. Petrópolis: Vozes, 2003.

VARELA, Francisco. "The Specious Present: a Neurophenomenology of Time Consciousness". *In* PETITOT, VARELA, PACHOUD, ROY (ed.). *Naturalizing Phenomenology. Issues in Contempo-*

rary Phenomenology and Cognitive Science. Stanford/CA: Stanford University Press, 1999.

VIDAL-NAQUET, Pierre. *Les assassins de la mémoire*. Paris: Éditions du Seuil, 2012.

WITTGENSTEIN, Ludwig. *Philosophische Untersuchungen/Philosophical investigations*. Malden/Oxford/Victoria: Blackwell Publishing Ltd, 2001.

ZARKA, Yves Charles (org.). *Cités. L'idéologie de l'évaluation (la grande imposture)*. Vol. 37. Paris: PUF, 2009.

n-1 edições + hedra

**Dados Internacionais de Catalogação na
Publicação (CIP) de acordo com ISBD**

F381p   Ferraz, Maria Cristina Franco

   Para além de Black Mirror: Estilhaços distópicos do
presente / Maria Cristina Franco Ferraz, Ericson Saint Clair.
– São Paulo, SP : N-1 edições, 2020.
   180 p. ; 11cm x 18cm.

   Inclui índice.
   ISBN: 978-65-86941-12-8

   1. Filosofia. 2. Filosofia contemporânea. 3. Distopias.
4. Séries televisivas. I. Clair, Ericson Saint. II. Título.

2020-1933

CDD 100
CDU 1

Elaborado por Vagner Rodolfo da Silva - CRB-8/9410

Índice para catálogo sistemático:
   1. Filosofia 100
   2. Filosofia 1

Este livro foi impresso em 27 de novembro de 2020, em
tipologia Formular e Libertine, com diversos sofwares livres,
entre eles, LuaLaTeX, git & ruby.
(v. c9bc7db)

※